Andreas Schorlemmer
mit Martina Krüger

Manchmal hilft nur Schweigen

Andreas Schorlemmer
mit Martina Krüger

Manchmal hilft nur Schweigen

Meine Arbeit als Polizeipastor

Ullstein

Ullstein Buchverlage GmbH

ISBN 978-3-550-08695-3
Ullstein Buchverlage GmbH, Berlin 2007
Alle Rechte vorbehalten
Umschlaggestaltung: Simin Bazargani
Umschlagfoto: Sabine Rübensaat
Gesetzt aus der Garamond bei LVD GmbH, Berlin
Druck und Bindung: CPI books, Leck
Printed in Germany

Inhalt

Vorwort 7

Einführung 11

Das Handy klingelt 13

Ein Kind 23

Tödliche Ostern 31

Selbstmord und Schuld 47

Die Bilder im Kopf 57

Ein Weg zurück ins Leben 65

Vogelgrippe auf Rügen 75

Unterwegs zwischen Krankenhaus und Castortransport 83

Trauerfeier für einen Polizisten 97

Tod in der Nachbarschaft 103

Sie sind doch im Himmel? 111

Leises Wimmern 117

Liebe oder Zeit 127

Tag der offenen Tür beim Bestatter 135

Der magische Todesbaum 143

Ein Abschiedsbrief 149

Große Geste am Grab 157

Kein Mut zur Versöhnung 163

Verwaiste Eltern 175

Heiligendammer Gedanken 183

Polizeiseelsorger – ein Pfarrer in Uniform 189

Danksagung 207

Vorwort

»Selig sind die Friedfertigen,

denn sie werden Gottes Kinder heißen«

(Matthäus 5,9)

Unter diesem Bibelwort feierte die Polizeiseelsorge am 29. Mai 2007, eine Woche vor dem G8-Gipfel, einen Gottesdienst für Bürger und Polizei in der Marienkirche in Rostock. Unter den rund 16 000 Polizeibeamten aus Bund und Ländern begleiteten auch viele katholische und evangelische Polizeipfarrerinnen und Polizeipfarrer als Seelsorger »ihre« Polizei während der Einsätze rund um den Gipfel.

Aber es sind nicht nur die Großereignisse – wie der G8-Gipfel –, die unsere Polizeibeamtinnen und -beamten besonders fordern. Tagtäglich stehen sie vor der Aufgabe, den inneren Frieden zu sichern, die Menschen und Bürger in unserer freiheitlichen Demokratie zu schützen und das staatliche Gewaltmonopol verantwortungsvoll auszuüben. Durch immer komplexere Strukturen, durch eine wachsende Zahl von Gesetzen und Vorschriften steigen die Ansprüche an die Polizei. Die Konfrontation mit Kriminalität, Unfällen, Gewalt, Opfern und Tätern wirkt nicht nur belastend auf den Körper, sondern auch auf die Seele der Beamtinnen und Beamten. Polizisten haben weit mehr als andere mit Menschen in Ausnahmesituationen zu tun. Oft sind sie gar als eine Art Seelsorger gefragt. Dieser Dienst – für uns alle unverzichtbar – bringt die Polizeibeamtinnen und Polizeibeamten schneller persönlich in menschliche Ausnahmesituationen. Auch des-

7

halb braucht die Polizei den Rückhalt und das Vertrauen der Bürger.

Nicht jeder hat Verständnis für die Arbeit der Polizei.

Konflikte schlichten, das Recht durchsetzen, notfalls auch Zwang anwenden oder gar die Schusswaffe einsetzen; persönliche Risiken zu tragen – beispielsweise bei gewalttätigen Demonstrationen –, das fällt nicht immer leicht. Dies gilt erst recht, wenn Polizeiarbeit nicht selten verzerrt dargestellt, Gewalttäter verharmlost und Polizeibeamte »kriminalisiert« werden. Das bleibt auch auf den privaten Lebensbereich der Beamten nicht ohne Auswirkungen.

Die Polizei leistet einen Dienst für uns alle. Er dient dem Ziel, dass wir in unserem Land friedlich zusammenleben können. Kein Polizist, keine Polizistin handelt als Privatperson. Sie alle müssen ihre Entscheidungen und ihr Handeln stets umfassend verantworten können. Sowohl vor den Bürgerinnen und Bürgern, für deren Schutz und Freiheit sie eintreten, vor ihren Vorgesetzten, unter Umständen vor Gericht, auch in der Öffentlichkeit und nicht zuletzt vor sich selbst und ihrem eigenen Gewissen.

Im dienstlichen Alltag gibt es für die Beamtinnen und Beamten selten Gelegenheit, auch über psychische Belastungen zu reden. Hier setzt der Beitrag der Polizeiseelsorge ein, der moralische und ethische Dimensionen polizeilichen Handelns bewusst macht, Hilfestellungen bietet und die Beamtinnen und Beamten dabei unterstützt, verantwortbare Entscheidungen zu treffen und dementsprechend zu handeln. Die Polizeiseelsorge begleitet »ihre« Polizei unabhängig von Konfession oder Weltanschauung. Damit leistet sie einen wichtigen Beitrag zu ihrem kirchlichen und diakonischen Auftrag. Sie tut dies durch die Begleitung in und Betreuung nach Einsätzen, durch Hilfestellung nach lebensbedrohenden

Situationen, durch berufsethische Fortbildung und viele oftmals kleinere, individuelle »Dienstleistungen« – nicht minder wichtig für die Betroffenen.

Andreas Schorlemmer beschreibt diesen Beitrag auf eine sehr persönliche und authentische Art und gibt Einblicke in die polizeiliche Arbeit aus sehr ungewohntem Blickwinkel. Dafür gebührt dem Autor Dank – stellvertretend auch für die vielen Polizeiseelsorger und -seelsorgerinnen, die still, unauffällig als »Helfer für die Helfer« ihre wertvolle Arbeit tun.

Bundesinnenminister
Dr. Wolfgang Schäuble

Einführung

Viele Menschen wundern sich, wenn sie mich in meiner Polizeiuniform mit dem Kreuz auf der Schulterklappe sehen und auf der Brusttasche »Polizeiseelsorger« lesen – was macht so jemand? Seit 1997 kann ich diese Frage beantworten, denn damals bekam ich die Gelegenheit, selbst einer zu werden: Als Pfarrer arbeite ich mit Polizistinnen und Polizisten zusammen, begleite sie zu Tatorten von Verbrechen, schweren Unfällen und großen Demonstrationen. Ich versuche den Polizisten zur Seite zu stehen und zwischen den Fronten zu vermitteln, kümmere mich um die Überlebenden am Unfallort und überbringe den Hinterbliebenen die Todesnachricht. Ich erlebe das Leid der Menschen, die plötzlich einen Angehörigen verlieren und für einige Zeit aus der Lebensbahn geschleudert werden. Für mich ist es immer wieder schmerzlich, solch eine Nachricht zu überbringen und mich der Aufgabe zu stellen, Menschen in ihrer Trauer unmittelbar aufzufangen. Kann man überhaupt trösten und wenn ja, wie? Manchmal, so meine Erfahrung, hilft nur zuhören und schweigen. Es sind meine ganz persönlichen Erinnerungen an verzweifelte und starke Menschen, gepaart mit meinen Eindrücken und Gedanken zur Trauer, zum Abschiednehmen und zum Kraftschöpfen. Und es sind auch Gedanken über Gott.

11

Doch ich habe bei den vielen traurigen Nachrichten, die ich überbringen musste, auch gespürt, dass jeder Mensch geliebt wird. Wie schwer und voller Konflikte das verloschene Leben auch verlaufen sein mag, im Herzen der Hinterbliebenen behält der Verstorbene seinen Platz. Ebenso war und ist es für mich als Polizeiseelsorger eine wichtige Erfahrung, zu sehen, dass auch die Menschen, die ihre Eltern, Kinder oder Lebenspartner haben zu Grabe tragen müssen, es schaffen, trotz des Schmerzes ihren Weg ins Leben zurückzufinden. Die Geschichten lassen einen nachdenken über Trauer und Abschiednehmen, geben aber auch Kraft und Mut zum Weiterleben, denn keiner dieser Hinterbliebenen blieb für immer in seiner Trauer gefangen. Einige der im Buch erzählten Geschichten sind nicht anonymisiert, es war der ausdrückliche Wunsch der Betroffenen, ihren Verstorbenen so ein würdiges Andenken zu bewahren.

Auf den folgenden Seiten ist auch vom Polizeialltag die Rede. Polizisten sind als Erste an den oft grausigen Unfall- und Tatorten. Wie verarbeiten sie ihre Eindrücke, wie gehen sie damit um? Manchmal kann ich ihnen dabei helfen, denn in den Jahren meiner Tätigkeit als Polizeiseelsorger habe ich viel über Polizisten erfahren, einige sind meine Freunde geworden. Ich zolle den Kollegen in Uniform für ihre verantwortungsvolle Arbeit meinen Respekt. Es ist schön, mit ihnen und für sie hier in Mecklenburg-Vorpommern arbeiten zu dürfen.

Andreas Schorlemmer

Das Handy klingelt

A ls ich 1997 mit meiner Arbeit bei der Polizei begann, bekam ich ein Handy, dessen Klingeln mir seitdem immer signalisiert, dass etwas passiert ist. Die Einsatzzentrale meldet sich dann und gibt mir durch, wo es zu einem Unfall kam, ein Verbrechen geschah oder sich jemand das Leben nahm. Dann mache ich mich auf den Weg und versuche meistens schon unterwegs, mir aus den spärlichen Informationen am Telefon ein ungefähres Bild der Lage zu machen. Ich möchte eine Idee davon haben, was mich erwartet, um mich auf die Situation einstellen zu können. Eines Tages nun wurde ich an einen Unfallort gerufen, den ich gut kannte. Ich fragte mich, wieso in einer solch weiten, gut einsehbaren Kurve mit flachem Straßengraben ein schlimmer Unfall passieren konnte. Dort angekommen, sah ich ein Auto, das mit drei Jugendlichen und einem Erwachsenen am Steuer voll besetzt war. Die tapferen, jungen Leute von der Feuerwehr waren schon im Einsatz. Sie mussten die Insassen, die im selben Alter waren wie sie selbst, aus dem Wagen herausschneiden. Die Ärzte waren mit all ihren Gerätschaften bei den Verletzten, der Rettungshubschrauber setzte zur Landung an. Die Polizisten versuchten den Unfall zu rekonstruieren. Eingespielte Handgriffe, fast mechanische Abläufe. Jeder wusste, was er zu tun hat. Da musste nicht viel geredet, da musste so schnell wie möglich gehandelt werden. Meine Aufgabe war es, da zu sein für die Seelen, fürs Gemüt. Vielleicht für die letzten Minuten eines verlöschenden Lebens, immer aber für die Überlebenden.

Man hörte Schreie, die durch Mark und Bein gingen, die den Schmerz für die Umstehenden selbst körperlich werden ließen. Ich hielt die Hand des Beifahrers und versuchte ihn zu beruhigen. Der Rettungshubschrauber stand bereit. Der junge Mann hörte mich, aber ich glaubte nicht, dass er es schafft, so schwer sahen seine Verletzungen aus, so sehr flackerte sein Lebenslicht. Für diesen Gedanken schämte ich mich. Wieso glaubte ich nicht ans Leben, an Rettung? Hatte ich schon zu viel erlebt? Hatte ich schon einen berufsblinden Routineblick? Wo blieb der Schimmer Hoffnung? Mir fuhr dieser furchtbar fatalistische Gedanke in die Seele. Das konnte nicht sein. Hoffnung musste man doch selbst in ausweglosen Situationen haben! Endlich war der Verletzte aus dem zerquetschten Auto befreit. Die Rettungsprofis arbeiteten weiter.

Etwas abseits stand eine Gruppe junger Leute – mit abgewandten Gesichtern. Sie kamen vom See. Es war ein angenehmer Tag, mal keine Ausbildung, es hatte allen Spaß gemacht. Und nun wollten sie nach Hause. Ich sagte ihnen, dass der Fahrer tot sei und einer ihrer Kumpel das wahrscheinlich nicht überleben würde. Auf der einen Seite war ich ganz Profi und sagte, sie sollten die Familie des Toten nicht anrufen; auf der anderen Seite war ich ein Stümper, der nicht an die Kraft des Lebens glaubte. Später machte ich mir immer und immer wieder Vorwürfe über diese Mitteilung und meine eigenen furchtbaren Gedanken. Nie wieder habe ich später so etwas gesagt oder gedacht. Ich, als Seelsorger ohne Hoffnung – das ist gegen Gott und den Beruf. Der junge Mann hat überlebt.

Auf einer Trage, etwas abseits, lag ein dritter Schwerverletzter. Er war allein, die Rettungskräfte hatten Wichtigeres zu tun, denn seine Wunden waren nicht akut lebensbedrohlich. Aber er hatte das furchtbare Schreien gehört und gespürt, dass er dem Tod entronnen war. Ich setzte mich zu ihm. Manchmal gehen den Schwerverletzten in solchen Situationen die merkwürdigsten Gedanken durch den Kopf. Ich erinnere mich eines Falls, als jemand in einer ähnlichen Lage zu mir sagte: »Wenn ich überlebe, pinkle ich meinem Mathelehrer auf den Grabstein.« In solchen Situationen hat man den Wunsch, noch Unerledigtes zu tun – auch wenn sich dessen Sinn für Außenstehende nicht unbedingt gleich erschließen muss. Manchem scheint vielleicht auch, dass er der Lebensgefahr entkommt, um genau diese Tat noch zu erledigen, um für diese Handlung noch eine zweite Chance zu bekommen. Das ist der einzige Grund des Überlebens. Denken wir an die Legende von Luther: »Wenn ich aus diesem Gewitter herauskomme, dann werde ich Mönch«, soll er gedacht haben. Man sollte nichts im Leben für später aufsparen, egal wie alt oder jung man ist. Jeder Tag sollte irgendwie abgerechnet sein – keine Salden, nichts Unerledigtes, nichts, was einen bedrückt und man aus eigener Kraft schaffen könnte, dürfte liegen bleiben. Wenn man in solchen, schier ausweglosen Situationen Menschen wie diesen jungen Mann antrifft, sind keine Allgemeinplätze der Art von »Du schaffst das schon und es wird wieder; komm halt durch!« angebracht. Wenn es auf Messers Schneide steht, dann spürt das der Verletzte oder Kranke sehr genau, und er hat das Bedürfnis, nur noch für ihn Wichtiges zu sagen, und das Recht, auch noch für ihn Wichtiges zu hören. Man sollte ihm helfen und fragen: »Was bewegt dich? Kann ich jemandem etwas sagen?«

Schließlich waren alle Verletzten abtransportiert und ich

musste noch die Todesnachricht überbringen. Gut eineinhalb Stunden Fahrt lagen vor mir. Die Polizei hatte inzwischen anhand der Bremsspuren und der Aussage des auch am Unfall beteiligten LKW-Fahrers, der unverletzt blieb, herausgefunden, dass die Unfallursache vermutlich der berüchtigte Sekundenschlaf des Fahrers war. Das Auto sei plötzlich auf ihn zugeschleudert, erklärte der LKW-Fahrer. Er habe nicht ausweichen können, sei gegen die Leitplanke gefahren, während das Auto in den Graben raste. Wie alle in Unfälle verwickelten Menschen fragte auch er sich, warum es gerade ihn getroffen hat, warum er gerade in dieser Sekunde hier entlangfuhr und nicht noch einen Kaffee trinken war oder vorher ein wenig mehr Gas gegeben hatte.

Auf dem Weg zur Familie des Toten fuhr ich schnell, eigentlich zu schnell. Man bewegt sich auf der Straße letztlich wie durch einen Tunnel, weil das vor wenigen Augenblicken noch Gesehene und Erlebte ganz stark in einem arbeitet. Die furchtbaren Verletzungen, das Schreien. Das eigene Menschsein wird mir in solchen Momenten sehr stark bewusst. Ich denke an meine Familie und andere Menschen, die mir nahestehen. Die Vorstellung, dass auch ich einmal bei einem Unfall verunglücken könnte und sich dann ein anderer, so wie ich, auf den Weg macht, beschäftigt mich.

Ich war auch dieses Mal voll von den furchtbaren Eindrücken des Unfalls, konnte sie jedoch nicht an die Angehörigen weitergeben. Bevor ich aus dem Auto stieg, zog ich die Polizeijacke an. Sie bedeutet eine Art Schutzhülle für mich, presst meine Gefühle ein, unterdrückt sie. Dann bin ich die Amtsperson Schorlemmer. Und sie ist auch ein Zeichen für den, der mir die Tür öffnet, dass etwas Schlimmes passiert ist. Hier in der gepflegten Siedlung ließ keiner einen Grashalm im Vorgarten krumm wachsen. Eine Frau öffnete mir die Tür, ich

16

stellte mich vor und bat, hereingelassen zu werden. Sehr zaghaft stimmte sie zu, und es war an mir, mich zügig und direkt als Polizeiseelsorger vorzustellen. Die Frau ahnte Schreckliches, denn ihr Mann war schon lange überfällig. Sie war voller Unruhe. Nachdem ich ihr die Nachricht überbracht hatte, wollte sie allein sein. Schnell wollte sie den Boten der schlechten Nachricht wieder aus dem Haus haben. Das passiert oft. Es bedeutet nicht, dass diese Menschen besonders stark sind, sondern heißt nur, dass sie mich nicht in ihrer Seele wissen wollen, und hängt mit dem Menschentyp zusammen. Manche Menschen hängen sich an den Überbringer der Botschaft, andere überprüfen sofort mit ihm alle weiteren Schritte und Pläne und viele machen gefühlsmäßig gleich zu. Ich glaube, dass Menschen es besonders schwer haben, die keine Hilfe zulassen können.

Für mich war dieser Tag noch nicht zu Ende. Ein Mann wurde tot aus der Ostsee gezogen. Das große schwarze Auto des Leichenbestatters stand schon am Strand, daneben ein übermüdeter Kripobeamter und die in eine goldene Wärmehülle verpackte Leiche. Das Wasser glitzerte im Mondlicht, die goldene Farbe der Hülle auch, das Meer rauschte. Was für ein surreales Bild, da es auf den ersten Blick schön und friedlich wirkte und einen im Gegensatz zu heute Morgen friedlichen Tod vermuten ließ – ohne Stöhnen, Schreien und die professionelle Betriebsamkeit. Aber waren hier wirklich weniger Leid und Angst im Spiel? In Hör- und Sichtweite gab es eine Disko an der Strandpromenade, fröhliche junge Leute tanzten und tranken. Hoffentlich verirrte sich kein Pärchen hierher. Das wäre ein schlechtes Omen für eine junge Liebe.

Der Fall war klar. Dieser Mann war ertrunken. Wahrscheinlich hatte er nicht sehr gelitten, denn er war stark betrunken.

Wusste er, dass Baden dann gefährlich ist? Oder hatte er zu viel getrunken, weil er so sterben wollte? Oder trank er öfter und bislang ging es immer gut? Die Papiere zeigten, dass er aus der Nähe stammte und noch bei seiner Mutter lebte. Ich ging zu ihr, sie reagierte erstaunlich ruhig. Ich glaube, sie wollte die Nachricht nicht begreifen. Wir setzten uns an den Tisch. Sie erzählte von seiner Arbeitslosigkeit und vom Alkohol. Oft hatte sie versucht, ihn zu motivieren, hatte geschimpft und doch für ihn gesorgt. Aber sein Leben schien in den letzten Monaten auf diesen Tag hinausgelaufen zu sein.

Ich erlebe manchmal solch scheinbar kühle Reaktionen von eigentlich völlig verzweifelten Eltern. Deren Trauer ist schon vernarbt, denn schon Jahre bemühten sie sich vergebens; der halbwüchsige Junge oder die sehr junge Frau entglitten ihnen einfach. Sicher haben sie sich immer wieder Vorwürfe gemacht, dass sie ihr Kind falsch erzogen haben, dass sie zu wenig Zeit für den Heranwachsenden hatten. Es gibt viele Umstände und Begründungen, die sich Eltern dann zurechtlegen, warum ihre Hoffnung von einem friedlichen und freudvollen Miteinander nicht funktioniert hat. Irgendwann sind die Kinder groß, aber sie können sich aus ihrem Teufelskreis nicht mehr befreien, geben sich innerlich auf. Dann kommen die äußeren Umstände hinzu. Arbeitslosigkeit, dieses schreckliche Gefühl des Nicht-Gebrauchtwerdens. Es findet sich keine Freundin, keine Frau, die möglicherweise Ordnung in ein verkorkstes Leben bringen könnte. Das Leben rinnt durch die Hände und, oftmals in solchen Fällen, auch viel Alkohol durch die Kehlen. Er ist das am leichtesten erreichbare Betäubungsmittel, die Droge Nummer 1, leicht greifbar und so billig, dass ihn sich jeder leisten kann. Doch es liegt auch an jedem von uns, eine Selbstverpflichtung einzugehen, sich nicht vom Alkohol kaputt machen zu lassen.

Doch was ist, wenn man schon ganz unten ist und wenn man gegenüber anderen Menschen keine Verpflichtung mehr fühlt? »Mir sind doch die anderen egal«, sagen sich solche Menschen und sind sich selbst auch gleichgültig. Sie haben sich aufgegeben, und auch ihre Eltern können nichts mehr tun. Solche Kinder sind, wie alt sie auch sein mögen, eine Last, weil das Leben mit ihnen immer wieder eine Belastung ist. Da wird zum Beispiel Geld gestohlen, oder der Jugendliche kommt immer wieder betrunken nach Hause. Man ist ständig damit beschäftigt zu überlegen, was als Nächstes passieren wird, entwickelt manchmal selbst eine Ko-Abhängigkeit und einen Kontrollzwang, um das eigene Leben nicht aus den Händen gleiten zu sehen. Eltern kappen in solchen Fällen auch manchmal die Verbindung zu ihren Nachkommen. Sie machen Schluss, weil sie nicht mehr können, am Ende ihrer Kräfte sind. Ich spüre, dass, wenn ich solch einem Elternpaar eine Todesnachricht überbringe, der Tod zwar schmerzlich ist, aber sie fühlen sich auch erlöst, denn auch dieser Mensch, der ihnen so fremd geworden war, ist nun erlöst. Wenn das Leben keine Perspektive bietet, kann man mit dem Tod Frieden schließen. Dann lebt man mit den Erinnerungen besser.

Die Hinterbliebenen signalisieren dann die Bitte um Verständnis. Sie sind ausgebrannt und haben mit solch einem Unglück schon seit Jahren gerechnet. Sie haben keine Tränen mehr, sind ausgeweint. Oft kann man lange mit ihnen reden, erfährt von der Verzweiflung. Sie erzählen Dutzende Geschichten, um sich zu entschuldigen, um zu zeigen, dass sie alles in ihrer Kraft Stehende getan haben, aber es eben nicht geschafft haben, nicht schaffen konnten. Nun müssen sie sich ein letztes Mal um den Verstorbenen kümmern und die Beerdigung organisieren, und da wird der Tod als Konsequenz eines verfahrenen Lebens empfunden. Mit solchen Verstorbenen werde auch ich leichter fertig, sie haben ihren Frieden gefunden.

Es war schon zwei Uhr morgens, als mein Tag zu Ende ging. Es war still und friedlich in meinem Zuhause, alle schliefen. Es war kaum zu glauben, dass wenige Kilometer Luftlinie von hier zwei Menschen den Tod fanden. Eigentlich war ich müde, sehr müde, aber doch zu wach, um zu schlafen. Ich schmierte mir noch ein Brot, das lenkt ab. Dann setzte ich mich in mein Dienstzimmer und hörte noch ein wenig Musik, die Gedanken und Bilder streiften durch meinen Kopf. Der Tod ist etwas besonders Schweres, der in das Leben fällt und dort bleibt. Es tauchten auch jetzt Erinnerungen auf an frühere Unfälle und Tote. Viele Bilder und Gespräche holte das Gedächtnis wieder hoch. Und ich dachte auch an die Polizeibeamten, die ebenfalls bei jedem neuen Fall diese Erinnerungsattacken erleben.

Der Unfall mit den jungen Leuten ließ mich lange nicht los. Was für eine Schicksalsbilanz. Einer war gestorben, einer leicht verletzt davongekommen, der Dritte hatte dem Tod wirklich ins Gesicht gesehen und durch eine Fügung überlebt. Der Vierte, von dem ich dachte, er würde es nicht überleben, war erblindet. Er lebte bei den Großeltern, die mir schrieben. Die Großmutter war schwer erkrankt. Ich ahnte, wie es der Familie geht, allein die Kosten für die neuen Sachen, die man anschaffen muss. Woher sollten sie das Geld nehmen? Keine Kranken- oder Rentenkasse berücksichtigt das. Man muss in solchen Fällen unzählige bürokratische Befragungen über sich ergehen lassen, um einen Notgroschen zu erhalten, den man meistens auch noch zurückzahlen muss. Manchmal kommen auch ganz kalte Kommentare, wenn man sich etwas nicht leisten könne, dann solle man es doch lassen. Wer will sich das sagen lassen?

Ich versuchte, zumindest ein wenig zu helfen, und wendete ich mich an den Lions-Club. Wir treffen uns dort regelmäßig zu Vorträgen, um ein bisschen mehr über die Welt des anderen zu erfahren. Auch ich erzähle hier ab und an über meine Arbeit. An einem dieser Abende, als der Unfall noch nicht lange her war, ergriff ich die Chance und erzählte vom Schicksal des erblindeten Jungen und seiner Großeltern. Ich bat um Geld für die Familie, die Mitglieder spendeten 500 DM, die ich der Familie geben konnte. Dann fuhr ich schweren Herzens ins Krankenhaus. Würde der junge Mann mir Vorwürfe machen, hatte er gehört, was ich gesagt habe? Hat er sich als Blinder in einen geistigen Dämmerzustand hineinmanövriert? Nichts dergleichen erwartete mich. Der Junge lachte mich an und sagte: »Schön, dass Sie da sind.« Er erklärte mir, dass er froh sei, überlebt zu haben und seinen Großeltern nicht verloren gegangen zu sein. Denn das wäre das Allerschlimmste gewesen. Irgendwie war ich gleichermaßen verblüfft und gerührt. Er schmiedete Pläne, wollte das Abitur nachholen. Leider bot man ihm nur einen Blindenarbeitsplatz zum Körbeflechten an. Trotzdem akzeptierte dieser erstaunliche junge Mann sein Schicksal. Mit ungeheurer Kraft schloss er mit seinem gesamten bisherigen Leben ab und sagte sich: Ich habe nun ein anderes, auch lebenswertes Leben.

Ein Kind

Mitten durch den Wald führt der Weg zur Justizvollzugsanstalt. Am Ende der Asphaltstraße erhebt sich ein moderner, nüchterner Bau. Hier traf ich Sven, der seit einigen Jahren dort einsitzt. Er erzählte mir, dass man an diesem Ort Himmel und Sonne nur zwischen Gitterstäben hindurch sehe; die Unfreiheit und Abgetrenntheit von Natur und Alltagsleben sei bedrückend. Dass er seine Mutter getötet hat, blendet er aus, diese Minuten existieren in seinem Gedächtnis bislang nicht. Vielleicht ist das nachvollziehbar, denn mit solch einer Tat kann niemand leben. Ich habe versucht, mit ihm darüber zu reden, doch vergebens. Der Junge schweigt.

Sven wurde damals allgemein als netter Junge beschrieben, ein Spaßmacher, dem Alter entsprechend ab und an ein bisschen nachlässig. Seine Eltern hatten sich getrennt, die Mutter lebte mit einem neuen Mann zusammen, der beruflich viel unterwegs war. Sein Hobby war die Jagd, die Waffen bewahrte er zu Hause auf. Einige Male nahm er seinen Stiefsohn mit auf die Pirsch, der Junge stellte sich nicht dumm an. Sie hatten ein gutes Verhältnis zueinander.

Vor einigen Jahren, als ich gerade auf dem Heimweg von einer polizeilichen Ausbildung war, riefen mich die Kollegen der Leitstelle an. Es hatte einen Mord in einem Dorf gegeben, ein Kind sei vermutlich der Täter. Bisher hatte ich verunglückte, tote Kinder gesehen, aber ein Kind, das tötet, wollte mir nicht in den Kopf. Stimmt es, was in der Bibel steht: »Der Mensch ist böse von Jugend an«? Ist das Böse Teil unserer Natur, Element unseres Wesens? Ist unsere Kultur tatsächlich nur eine dünne Schicht, die sich darüberlegt? Ich frage mich oft, was ist die Natur und was ist die Kultur unseres Wesens? Und manchmal habe ich den Eindruck, dass diese Kulturschicht immer wieder aufgeweicht und abgewaschen wird. Was kann Menschen von einem zum anderen Augenblick so verrohen lassen, woher kommt das Böse?

Kinder begegnen dem Bösen schon früh, zum Beispiel in Märchen, die ihnen vorgelesen werden und das Böse nicht verschleiern – denken wir nur an den versuchten dreifachen Giftmord an Schneewittchen oder die versuchte Verbrennung von Hänsel. Aber das Böse wird in diesen Erzählungen immer vom Guten überlistet. Leider gibt es im Leben von Kindern heute weniger Bücher und Märchen, stattdessen Computer, vor denen sie sich in bösen Spielwelten verfangen. Manche Spiele können eine verheerende Wirkung hervorrufen, weil das Böse nicht mehr eingefangen wird, sondern das Leben vernichtet. Die Tötungsrituale, die dort manchmal zelebriert werden, sickern langsam in die Lebenswelten der Kinder ein, sie wirken nach. Die Erregung ist hoch, wenn man einen Gegner ermordet hat. Nicht Leben retten bringt einen in das nächste Level, sondern Leben vernichten. Das Scheinmäntelchen, das für den Spieler geschaffen wurde, durch Töten seine eigene Existenz zu erhalten, ist äußerst dünn und fadenscheinig. Die äußeren Strukturen hingegen sind der Realität entnommen, alles wirkt echt. Landläufig heißt es dann, dass die »Grafik« einfach perfekt sei. Tatsächlich aber verschmelzen so im Gehirn reale und virtuelle Welt miteinander. Und dabei siegen immer das Böse und seine fatale Magie.

Das Böse hat eine ungemein starke Sogwirkung, es entfaltet eine Faszination. Niemand ist davor gefeit, dieser Faszination zu folgen. Ich selbst zum Beispiel las einmal ein Buch von schrecklichen Morden eines Literaturprofessors und folgte dem Mörder wie in einem Rausch, wollte unbedingt wissen, wie alles zu Ende ging. Plötzlich klingelte mein Handy, und ich wurde über einen schrecklichen Mord informiert, der das eben Gelesene in den Schatten stellte. Ich war völlig verwirrt. Ich hoffe und denke, dass meine Kulturschicht stabil ist, aber dass es in Wort und Bild fast keine Tabus gibt, dass Schamgrenzen immer weiter gegen Null verschoben werden, kratzt an der Kulturschicht eines jeden von uns. Manchem erscheint der Mord als ein vollkommener Moment, in dem man alles hinter sich lässt und nur noch man selbst ist. Ich denke deshalb auch, dass Fernsehbilder von Hinrichtungen, wie die von den rumänischen Machthabern Nicolaie und Elena Ceaus̗escu oder Saddam Hussein eine intensive Wirkung haben. Hier wird man bis zu einem extremen Punkt geführt, direkt an den Abgrund heran. Dann steht man an diesem Abgrund, ist im Geiste vielleicht Henker oder Opfer. All diese Eindrücke haben auf Menschen unterschwellig eine verheerende Wirkung. Geradezu scheinheilig sind die Beteuerungen der Fernsehstationen, lange überlegt zu haben, ob man grausame Bilder zeigt. Wirklich überlegt haben nur die, die sie nicht zeigen. Meiner Ansicht nach sind wir im Alltag zu stark gewaltsamen, teilweise sogar Gewalt verherrlichenden Bildern ausgesetzt. Wäre das anders, würden sich vermutlich viele Straftaten gar nicht ereignen.

Als ich an jenem Tag an den Ort des Verbrechens kam, war Sven schon im Gewahrsam der Polizei. Ich schaute mich um, wie der Junge gelebt hatte. Diese Tötung, wie die meisten, die im Affekt geschehen, hatte vermutlich eine lange Vorgeschichte, irgendetwas nagte unbewusst an seiner Seele. Die

Familie wohnte in einem schönen Haus. Sven hatte im Erdgeschoss sein eigenes Zimmer. Über eine Treppe ging es nach oben zu den anderen. Sven hatte einen Fernseher, Computer, ordentliche Möbel, Poster an der Wand, Kleidung, derer er sich nicht zu schämen brauchte. Die Umgebung wirkte auf mich freundlich, hier schien nichts gefehlt zu haben. Ich überlegte, ob der Junge vielleicht dennoch den Eindruck hatte, weniger geliebt zu sein, weil er unten wohnte, unter den anderen? Aber keinerlei für Dritte erkennbare Zeichen deuteten auf eine solche Tat hin.

Als ich der Familie die Nachricht überbrachte, reagierten alle fassungslos und entsetzt. Sven war für sie immer ein lieber Junge gewesen. Ich machte mir in der kurzen Zeit Gedanken über die Tat, Vermutungen, die nicht stimmen mussten. Aber sie boten mögliche Erklärungen, die es mir leichter machten, mit dem Geschehen umzugehen. Es gab zum einen dieses »unten« und »oben« im Haus. Zum anderen mochte Sven den neuen Mann seiner Mutter. Empfand er ihn als streng? Sven sollte den Rasen mähen und manch andere Arbeiten im Haus verrichten. Sicher hat ihn das, wie jedes Kind, manchmal genervt. Hinzu kamen die ständigen Ermahnungen seiner Mutter, sich doch endlich in der Schule mehr anzustrengen. Vielleicht lief in seinem Hinterkopf ein immer schlechter werdender Film ab, von Ansprüchen, die von »oben« an ihn herangetragen wurden, so dass seine Aggressionen unterschwellig wachsen konnten, um sich dann umso heftiger zu entladen. Der Tathergang selbst, wie er später öffentlich wurde, wies auf eine spontane und doch gezielte und berechnete Handlung hin.

In den ersten Stunden nach der Festnahme wurden Fingerabdrücke genommen, Schmauchspuren gesichert und alle technischen Details aufgenommen. Ich konnte mit dem Jungen sprechen, ihn festhalten, in den Arm nehmen. Er sprach von diesen dunklen Stunden der Tat, als hätte er sie in einem Film erlebt. Öffentlich wurde dieser Tathergang: Er war wieder mal mit einer schlechten Note nach Hause gekommen und ärgerte sich sicher selbst darüber. Die Mutter schimpfte. Ein Wort gab das andere. Eine Auseinandersetzung um Alltäglichkeiten, so wie sie tausendfach in vielen Familien vorkommt. Aber in Sven explodierte in diesem Augenblick eine emotionale Bombe, eine unbeschreibliche Wut gegenüber sich selbst und der ganzen Welt ergriff ihn. Er ging ins Schlafzimmer der Eltern an den unverschlossenen Waffenschrank, holte eine Waffe, schoss damit bis das Magazin leer war und seine Mutter sich nicht mehr bewegte. Sven setzte sich auf den Boden und war etwa eine Stunde lang mit der toten Mutter allein im Haus. Dann griff er zum Telefon, rief die Polizei an und sagte, was er getan hatte. Erst viel später realisierte er wahrscheinlich wirklich, was er angerichtet hatte. Rational war und ist diese Tat nicht erklärbar.

Die Frage war nun, wie man mit solch einer Tat umgehen kann. Eine Familie sollte sich, egal was passiert, immer zu seinem Kind bekennen. In ihren Augen war ein Unglück passiert, das nicht wiedergutzumachen ist. Trotzdem hat ein Kind noch immer ein Leben vor sich. Ob man solch eins Unglück vorher ahnen kann, ist eine müßige Frage.

Ich ging in die Schule, redete mit seinen Mitschülern. Sie kannten Sven als einen Spaßmacher, und keiner konnte sich die Tat erklären. Nach solch einem ungeheuerlichen Ereignis musste es einfach die Möglichkeit des Gedankenaustauschs geben. In der Schule war dies nicht möglich; mit Hilfe des Pfarrers vor Ort konnte ich aber einen Nachmittag des Gesprächs im Gemeinderaum organisieren. Wir saßen alle im Kreis, jeder hatte die Möglichkeit, etwas zu sagen,

seine Gefühle zu zeigen und einfach zu fragen: »Warum?«
Eine Antwort auf diese Frage wird wohl nie zu finden sein.

Wir überlegten, ob wir für den Täter beten können, ob man ihm verzeihen soll und kann. Diese Fragen stellen sich Pfarrer immer wieder. Kann man sie sofort in die Fürbitten einschließen? Ich bin der Meinung, dass alles seine Zeit hat. Auch das Beten hat seine Zeit, das Beten für die Opfer und das Beten für die Täter. Manchmal geht beides nicht in einem Atemzug. Ich bin da sehr vorsichtig und frage die Hinterbliebenen, ob sie es ertragen können. Täter brauchen oft eine lange Zeit, ihre Tat zu begreifen. Können wir ihnen verzeihen, bevor wir wissen, was sie zu ihrer Tat getrieben hat und bevor sie diese bereut haben?

Diese Überlegungen beschäftigen einen innerlich, in Kopf und Seele. Äußerlich werden die Täter vom Gericht verurteilt, gleichzeitig sorgt man sich um sie. Die Verurteilten verbringen eine gewisse Zeit ihres Lebens im Gefängnis, haben aber auch die Möglichkeit, sich zu bilden und zu arbeiten. Kommt der Täter heraus, greifen erneut die Strukturen des Staates mit Betreuern und Wiedereingliederungsmaßnahmen. Es kann eigentlich auch noch ein gutes Leben beginnen, denn acht, zehn oder zwölf Jahre sind im Grunde nicht viel. Viele verwaiste Eltern oder verwitwete Männer und Frauen leiden aber ein Leben lang unendlich an dem Verlust, und sie kommen aus dem Bannkreis ihrer Toten nicht heraus. Das Leid hat einen langen, schweren Atem. Sie finden vielleicht nie mehr in ihre Lebensbahn. Und doch müssen sie dem Täter vergeben, irgendwann, denn mit Hassgefühlen lässt es sich nicht leben. Es muss ein Punkt kommen, an dem man die Erkenntnis gewinnt: »Du Täter bist anders als wir Opfer. Wir werden nie etwas gemein haben, aber da du die Tat gesühnt hast, gehört dir die Chance, dein Leben noch einmal neu zu ordnen.«

Sven wurde verurteilt. Im Gefängnis hat er eine Lehre begonnen und wird psychologisch betreut. Ich weiß nicht, ob er jemals ein normales Leben wird führen können. Bei unserem Treffen jedenfalls blieb er verschlossen.

Tödliche Ostern

Die Osterfeuer brennen in unserer Gegend überall auf den Dörfern und sind ein Zeichen der Freude. Die einen sehen darin die endgültige Austreibung des Winters, für andere ist es der Beginn eines fröhlichen Familienfestes, denn Ostern ist wie Weihnachten eine Zeit gegenseitiger Besuche. Christen wiederum feiern die Auferstehung Jesu, den Aufstand Gottes gegen den Tod und die Hoffnung auf ein Leben, das das bisher gelebte in einem neuen Licht erscheinen lässt. So wie die Jünger erst nach der Auferstehung Jesus wirklich erkannten, so werden auch wir einmal erkannt werden. Es ist in jedem Fall ein ganz besonderes Fest für Christen und Nichtchristen. Man ist vor und während dieser Tage anders gestimmt, ein ganz besonderes Flirren liegt in der Luft. Auch in meiner Familie ist dies so. Alle Kinder kommen, wir sind zusammen, stehen um das Osterfeuer und erzählen Geschichten. Ich denke dabei immer mal wieder an die Predigt, die ich am Ostersonntag halten werde, und lasse die Stimmung auf mich wirken. Die Kirche wird für den Gottesdienst geschmückt, Ostereier werden bemalt. Christliche und viel später erfundene Bräuche erfahren so eine wunderbare Mischung. Das Leben an diesen Tagen ist irgendwie besonders schön.

Aber es gibt zu dieser Zeit auch den Tod und das Leid der Hinterbliebenen, das durch die Auferstehung Christus' nicht ansatzweise zu lindern ist. Und immer wieder werde ich gefragt, ob es ein Leben nach dem Tod gibt. Ist es dann Trost zu sagen, der Verstorbene führe im Jenseits ein gutes Leben? Und wie erkläre ich überhaupt »Jenseits«? Für mich ist das »Jenseits« kein Gegensatz zum »Diesseits«, sondern liegt schlicht jenseits unseres Erfahrungshorizontes. Es liegt in der Natur des Menschen, unbedingt über diesen Horizont hinausschauen zu wollen, gelingt aber natürlich nicht. Möglich ist jedoch, den Horizont ständig zu verschieben, denn Glauben ist nichts Statisches, ebenso wie das diesseitige Leben nichts Statisches ist. Auch unser eigener Tod ist so etwas wie ein Horizont, der vor uns liegt und der für uns eine Grenze markiert, über die wir nicht hinwegsehen können. Auf Gott zuzugehen heißt für mich, Erfahrungen in dieser Welt zu machen. Ich kann Gott immer näherkommen, aber in dem Moment, wo ich mich nähere, entfernt er sich auch wieder; niemals kann ich ihn einholen.

Ich kann mit der Vorstellung relativ wenig anfangen, dass es nach dem Tod noch ein zweites, gänzlich abgetrenntes Leben gibt, einen zweiten Entwurf, der belohnt oder bestraft. Der Tod ist, meines Erachtens, eher eine starke Horizont-Verschiebung, die man während des Lebens niemals erfährt. Wenn Menschen in den Dämmerzustand geraten, wenn das Bewusstsein schwindet, wenn die Kommunikation eingestellt wird, können die Außenstehenden nicht mehr folgen. Manchmal habe ich deshalb auch den schwachen Verdacht, dass Menschen sich Hinrichtungen nicht nur aus Sensationsgier ansehen, sondern vielleicht auch hinter das Geheimnis des Sterbens kommen wollen. Wir Menschen wollen wissen, was da geschieht, wie es für uns selbst sein wird. Sicher scheint mir, dass sich im Prozess des Sterbens Raum und Zeit verschieben, dass sich die gewohnten Strukturen auflösen. Wie sich das anfühlt, weiß ich auch nicht und bin gespannt, was in mir vorgeht, wenn ich mich in diesem Prozess befinden werde. Denke ich an meinen eigenen Tod, gehe ich davon aus, dass die ganze Physik außer Kraft gesetzt wird; Schwerkraft kann nicht alles sein. Aber wie wird es wirklich sein?

Die einfacheren Bilder vom Leben im Jenseits als einem neuen Leben, das dem alten zwar sehr ähnelt, nur einfach viel besser ist, erscheinen mir sehr bequem. Sie erlauben es, sich nicht mit den Sterbeprozessen auseinandersetzen zu müssen. Ich persönlich bin davon überzeugt, dass Leben hinter dem Horizont ist, ebenso wie ich davon ausgehe, dass hinter Groß Kiesow auch wieder Horizont ist. Gott nur im Jenseits anzusiedeln ist falsch. Er ist Teil unseres Diesseits, er ist lebendig in unserer Sprache, unserem Denken, dem Glauben und in der Liebe. Er lebt in seinem nicht zu bändigenden Wort, das uns mahnt, den Tag, das Leben und die Zeit zu nutzen und uns zu freuen, Geschöpfe zu sein. Wir sollen uns freuen, auf das was kommt! Natürlich kommt auch der Tod, den wir nicht so beherrschen, wie wir sonst glauben, alles irgendwie beherrschen zu können. Der Tod hingegen beherrscht uns, und Gottes Wort will ihn angstfrei machen. Seinen Worten zu folgen bedeutet, ohne Furcht zu sein, sich selbst und seinen Nächsten zu lieben, denn wo Liebe ist, ist keine Angst. Wenn Liebe der Grundstock unseres Lebens ist, dann brauchen wir keine Angst vor dem Tod zu haben und müssen uns auch keine schweren Gedanken machen. Hier auf dieser Erde können wir versöhnt miteinander leben. Gott ist hier, im Diesseits. Und wenn jemand das begriffen hat, es zu seiner Lebenswirklichkeit gemacht hat, dann »glüht« er auch für andere Menschen, dann kann man Liebe geben und ist ohne Angst. Es klingt jetzt vielleicht etwas pathetisch, aber schon bei der Taufe geschieht etwas mit dem Menschen, er kann nichts dafür, er ist erwählt worden. Erwählt heißt, Gott will etwas von ihm. Er will, dass Liebe gegeben wird.

Verstorbene leben in den Gedanken der Hinterbliebenen, egal ob sie einer Konfession angehörten oder nicht. Es ist menschlich, dass wir sie niemals vergessen. Und sie leben weiter auf vielfältige Weise, jeder erinnert sich anders an Oma, Opa, Mutter, Vater, Tochter oder Sohn. Sie sind immer bei uns, selbst wenn wir es wollten, gelingt es nicht, sie aus unseren Herzen und Hirnen zu verbannen, sie abzulegen. Und wir brauchen sie für unser Leben als eine Art Erfahrungsspender. Wir wissen, wie er oder sie in verschiedenen Situationen reagiert haben, wie die Verstorbenen das Alter gemeistert haben – oder auch nicht. Ich, der noch lebt, will es vielleicht anders machen. Ob das richtig ist und ob man es vermag, kann man vorher nicht sagen, aber man versucht es. Wir stehen ständig im Kontakt mit dem gelebten Leben unserer Toten. Bei jedem Familienfest wird an die Verstorbenen irgendwie erinnert, da war sein Platz, das hat er gemocht, diese oder jene lustige Geschichte wird öffentlich zum Besten gegeben. Man erfreut sich noch am Humor des Verstorbenen, lacht vielleicht über seine Engstirnigkeit, lobt kluge Schachzüge, die sein und vielleicht auch unser Leben veränderten. Das erscheint mir keinesfalls oberflächlich, denn hinter dem, was öffentlich erzählt wird, stecken immer auch die ernsten Gedanken, die wir uns über den nicht mehr körperlich unter uns Weilenden machen. Und es gibt noch das Phänomen, dass der Verstorbene sich in unserem Gedächtnis weiterentwickelt. Bestimmtes aus seinem Leben gerinnt in unseren Erinnerungen zu einzelnen Punkten, manchmal zu Lebensweisheiten, manchmal auch nur zu einer Anekdote. Es erfüllt uns mit Wärme, an ihn zu denken. Jeder Mensch, davon bin ich überzeugt, wurde geliebt.

Solche Überlegungen sind zur Osterzeit besonders nah. Einmal stand ich wieder an so einem schönen und gewaltigen Feuer, in dessen Prasseln das Klingeln meines Handys fast unterging. In ein Dorf in Mecklenburg, zweieinhalb Stunden Fahrt von hier entfernt, war eine Todesnachricht zu überbringen. Ein Schüler, Robert von Samson-Himmelstierna, war mit seinem Moped an einem Straßenrand tot aufgefunden worden. Eine Unfallanzeige gab es nicht. Ich fuhr mit Kollegen los, um den Eltern die traurige Nachricht zu überbringen. Wie immer war es nicht so einfach, die Eltern in dem Dorf zu finden. Wir fragten uns durch. Das muss man sehr diskret machen, denn das Erscheinen der Polizei versetzt die Menschen nach wie vor in Unruhe. Sie fragen sich, was passiert ist, ob derjenige etwas angestellt hat. Nach Hinweisen fanden wir das Haus der Großeltern väterlicherseits. Die Großeltern erzählten, Robert sei das einzige Enkelkind, ein vernünftiger, vorsichtiger Junge. Die Eltern seien nicht zu Hause, sondern in der nächsten größeren Stadt. Dort wurde in jeder Gaststätte getanzt, Musik gemacht, und man zog zur Feier des Tages mit Bekannten und Freunden durch die Gaststätten. Wir in Uniform zogen also ebenfalls von Gaststätte zu Gaststätte auf der Suche nach den Eltern des Jungen. Stunden verbrachten wir so, dann hatte sich in der Kleinstadt herumgesprochen, dass das Ehepaar sozusagen von der Polizei verfolgt wurde. Wir erfuhren, dass die Eltern bei Freunden waren, fuhren dorthin – und wurden schon mit bangen Gefühlen erwartet.

Es war inzwischen schon drei Uhr morgens, Jörg von Samson-Himmelstierna, der Vater des Jungen kam mir entgegen. Ich nahm ihn beiseite und erzählte ihm, was passiert war. Fast gleichzeitig mit dem Schock der Todesnachricht begann er sich um seine Frau Birgit zu sorgen. Er bat mich zu warten, bis ein Arzt vor Ort sei. Sie würde diese Nachricht nicht ohne beruhigende Mittel verkraften können. Es dauerte eine vermeintliche Ewigkeit bis ein Arzt kam. Währenddessen gingen der Vater und ich immer auf der Straße auf und ab. Dann kam die Mutter aus dem Haus gelaufen, ich ging sofort auf sie zu, bat sie wieder ins Haus und teilte ihr, auf dem Sofa sitzend, den Tod ihres Sohnes mit. Sie schrie, bäumte sich auf, ihr Körper schien zu bersten. So einen unglaublichen Ausbruch hatte ich nicht erwartet und begriff, warum ihr Mann auf einen Arzt hatte warten wollen. Wir hielten Birgit fest; unsere Kräfte flossen in eine Art Lebenskampf ineinander, von dem man sich einfach nicht freihalten konnte. Dann redeten wir auf sie ein, laut und leise, doch sie konnte nur ihre Verzweiflung herausschreien. »Mein Gott, warum?« Es war so erschütternd, dass sich niemand weiter in das Zimmer wagte. Diese wahnsinnigen Kräfte hielt einfach keiner aus. Von einem zum anderen Moment wurde sie völlig apathisch und war einer Ohnmacht nahe. Dann kam der Arzt und war eine große Hilfe. Ich fuhr noch einmal zu den Großeltern und dann nach Hause. Ich fühlte mich völlig kraftlos, als sei meine ganze Energie in diese vor Schmerz fast wahnsinnige Frau geflossen. Ich war völlig ausgepumpt und leer.

Auf der Landstraße blickte ich dann Richtung Osten in die aufgehende Sonne. Als sie ihre Strahlen langsam, immer heller werdend, regelrecht ausschüttete, hatte ich das Gefühl, Tod ist die Hölle und du bist in der Hölle gewesen. So nahm ich Ostern das erste Mal sinnlich ganz wahr, mir wurde klar, was Auferstehung bedeutet: Du musst in der Hölle, im Dunkel des Todes, gewesen sein, sonst kannst du nicht begreifen, was die Auferstehung, das Osterlicht, bedeutet. Ich konnte nicht mehr weiterfahren, konnte diesem Gefühl nicht mehr widerstehen. Ich hielt an und schaute in das aufkommende

Licht. Dieses Licht holte mich wieder in das Leben zurück. Das Haus und seine Bewohner in Groß Kiesow erwachten langsam, als ich endlich zu Hause ankam. Eine Rückkehr in eine heile Welt. Es lag eine feierliche Stimmung in der Luft, der Tisch war weiß gedeckt, die Osterhasen saßen als Schmuck auf der Tafel. Es gab Kaffee, ein schönes Frühstück stand bevor. Die eigenen Kinder waren mir plötzlich sehr nah. Und ich war wieder mitten im Leben und fühlte mich, als ob ich selbst wiedergeboren wäre. So jedenfalls war mir zumute, nachdem ich mit diesen Eltern, die ihren Sohn verloren hatten, ein Stückchen mit gestorben war, körperlich gefühlt hatte, wie sie der Tod ganz brutal überfallen hatte. Ostern bedeutet seither für mich, dass dieser gleißende Strahl in einen Moloch hineinfährt und alles zu diesem Licht verschmelzen lässt, zu dieser Hoffnung. Du bekommst in dem Moment alles wieder, deinen Atem, dein Leben.

Ich musste oft an dieses Ehepaar denken, für sie fand Ostern in diesem Jahr nicht statt. Aufgrund meines intensiven Erlebens an diesem Abend zog es mich wieder zu den Hinterbliebenen des Jungen. Sein Tod blieb mysteriös, zu diesem Zeitpunkt konnte nicht ermittelt werden, warum er von der Straße abgekommen war. Dieses Ungeklärte lastete auf den Eltern, denn sie wollten genau wissen, warum und wie Robert zu Tode kam. Als ich mich auf den Weg machte, hatte ich Angst. Wie würde es den Eltern gehen? Ich selbst spürte ihren Schmerz noch. Doch es war ganz anders, als ich es mir vorgestellt hatte. Beide waren sehr ruhig, sprachen voller Liebe und Wärme von ihrem Sohn. Sie blühten dabei auf. Robert lebte in ihnen. Sie zehrten davon, dass sie so viele gute, schöne und lustige Dinge mit ihm erlebt hatten, von der intensiven gemeinsamen Zeit. Das beeindruckte mich. Haus und Garten, alles in ihrem Leben war für ihren Sohn bestimmt gewesen, nun war es leer. Aber sie ließen sich nicht auszehren, sondern akzeptierten, dass alles und jeder im Leben seine Zeit hat. In diesen Stunden spürte ich, dass ich wieder Kraft zurückbekam – und ich spürte auch, dass mich mit diesen Menschen Besonderes verband. Der Tod hat etwas Trennendes, aber er verbindet auch. Diese warmherzige Aufnahme durch die beiden, wie sie mich für kurze Zeit in ihr Leben einschlossen, mir nun Kraft gaben, war einmalig. Wir sprachen über ihren Sohn, über Leben und Tod, lange und sehr vertraut, obwohl wir uns bislang nur einmal gesehen hatten. Es war eine Stimmung, in der nur über wirklich Wesentliches gesprochen wurde, keine Floskeln, nur für alle existenziell Wichtiges stand im Raum. Mich ergriff diese Innigkeit, diese Anerkennung auch meines Daseins, meiner Arbeit. Diese Verbundenheit erschien mir wie ein Traum, doch sie war real.

Ich konnte über all diese Erlebnisse mit niemandem richtig sprechen, da ich das Gefühl hatte, niemand könne dies verstehen. Alles Gerede darüber, jede Bemerkung, die jemand dazu gemacht hätte, wäre mir hohl und leer vorgekommen. Ich hätte sicher den Eindruck gehabt, sie wüssten nicht, wovon sie reden, und lebten oft so, als würde ihnen niemals etwas Schlimmes passieren. Dabei kann jedem in jedem Augenblick ein Unglück widerfahren. Wir leben manchmal so sorglos in den Tag hinein. Und oft auch so gedankenlos am Unglück der anderen vorbei. Manches Mal machen wir sogar bewusst oder unbewusst einen Bogen um Menschen, die ein Unglück getroffen hat. Ich glaube, man versucht das Leid so abzuschütteln, sich nicht damit zu belasten; man will schlichtweg mit dem Unglück eines anderen Menschen nichts zu tun haben. Jeder muss selbst mit sich fertig werden. Solange es mich nicht trifft, will ich damit auch nichts zu tun haben, und wenn es mich trifft, will ich auch mit anderen nichts zu tun haben. So gehen sich die Menschen aus dem Weg, meiden Betroffene. Das ist meines Erachtens sehr schlimm. In diesen Phasen des Lebens spürt man, wie einsam jeder von uns sein kann. Dieses Verlassenwerden bei einem Unglück geht mitunter sehr schnell, und manchmal ist niemand da, der einen auffängt. Und Gemeinschaften oder das, was wir landläufig so nennen, ziehen sich nach und nach vom Beistand zurück. Von staatlicher Seite kommen sogar viele bürokratische Anfragen und Aufgaben, die Hinterbliebene im besten Falle nerven und im schlimmsten Fall, ob ihrer Herzlosigkeit, ärgern. Aber hier, mit Birgit und Jörg, spürte ich, dass man wirklich Anteil haben kann am Leid anderer und es teilen kann. Und das mit Menschen, die ich überhaupt nicht kannte.

Zwei Jahre später kamen sie ganz überraschend zu mir, wir hatten uns seit diesen furchtbaren Tagen nicht mehr gesehen und gesprochen. Die beiden waren Anfang vierzig, also deutlich jünger als ich, und eröffneten mir, dass sie mich zum Erben eingesetzt hätten. Meine Verblüffung war enorm. »Wir wissen«, sagten sie, »dass wir jeden Tag sterben können und wir möchten, dass Sie im Falle unseres Todes unseren Besitz veräußern und das Geld einem guten Zweck zuführen.« Ihr Wille war es, das mit dem, was von ihnen materiell übrig bliebe, anderen geholfen würde. Ich war einfach gerührt von diesem Vertrauen.

Ich empfand ihren Umgang mit dem Tod des Sohnes als etwas Wunderbares: als Beweis, dass die Liebe etwas Unzerstörbares hat, das sie stärker ist als der Tod. In gewissem Sinne übertrugen sie die Liebe zu ihrem Jungen auf andere, auf Menschen, die Zuwendung bedürfen. Ihre Liebe zueinander und zu ihrem Sohn im Leben wie im Tod hat sie stark gemacht, an andere denken lassen. Mich wählten sie als Ver-

walter des Vermächtnisses und Erbes, das ihrem Sohn zugedacht war, da es uns gelungen war, Brücken zueinander zu
bauen. So trauten sie mir zu, auch Brücken zu anderen zu
schlagen, die Hilfe brauchen. Mir wurde schlagartig klar, dass
Birgit, die bei der Nachricht vom Tode ihres Sohnes so un-
bändig geschrien hatte, so dass alle Angst hatten und ein Arzt
sie beruhigen musste, eine unglaublich starke Frau war.

Genau ein Jahr nach dem Unfall des Jungen erlebte ich erneut ein Unglück. Die Straßen hatten unter dem Winter gelitten, ein Auto umfuhr die Schlaglöcher, touchierte dabei
einen überholenden Motorradfahrer, der deshalb vom Weg
abkam, gegen einen Baum fuhr und sofort tot war. Unauf-
merksamkeit, die kaputte Straße und der Genuss der vielleicht ersten Motorradfahrt im Jahr spielten zusammen und
führten wieder zu einem tödlichen Ostern. Eine Frau lief zu
den Eltern des Verunglückten, und auch ich war sofort an der
Unfallstelle. Die Mutter weinte heftig. Ich nahm sie an den
Schultern und führte sie zu ihrem Jungen, der noch auf dem
Feld lag. Es war ein so zufälliger und sinnloser Tod. Wenige
Tage später stand ich in der Kirche und sang mit der Ge-
meinde: »Wir wollen alle fröhlich sein in dieser schönen
österlichen Zeit!« Denn schließlich wollten doch alle lachen
und fröhlich sein; die Kinder waren in Gedanken sicher
schon bei der Ostereiersuche. Dennoch erlebte ich dieses
Ostern als eine Anfechtung; ich merkte, dass diese Feier der
Auferstehung Christi eben nicht ohne den Karfreitag, den
Tag seiner Kreuzigung, möglich wäre: »Kein Ostern ohne
Karfreitag« macht Sinn. Es können noch tausend heidnische
Bräuche in dieses Fest einfließen – ein Frühlingsfest wird es
nie werden. Es ist eine schwere Aufgabe, dem Tod wirklich
zu trotzen, entrinnen kannst du ihm nicht.

Dieses erneute Ostererlebnis ging auch an meine Substanz, so dass ich für meine Kollegen einen Ostergruß ins interne Polizeinetz stellte:

Ostern am Baum

Es ist nicht makaber gemeint. Es ist einfach nur bitter. Schwer auszuhalten für die, die immer da sind, die Kollegen vom Schichtdienst, die Ermittler, der Rettungsdienst, die Feuerwehr. Wieder ein junges Leben umsonst. Wieder ein Kreuz mehr. Gestern Abend ist N. N. am Baum gestorben. Kurz vor dem Zuhause. Er war der Einzige und das Einzige ihres Lebens. Tröstende Worte bleiben im Halse stecken. Ich kann sie nur schweigend festhalten, die Mutter, den Vater. Sie reißen sich los, losgerissen von allem, was sie festgehalten hat.

Ohne Ostern, ohne Hoffnung, ohne Glauben kann ich das Sterben nicht aushalten.

Euer Andreas Schorlemmer

In dieser Osternacht gab es noch ein weiteres »Ostern am Baum«, diesmal war es ein junger Soldat, der starb.

Im darauffolgenden Jahr wusste ich schon, dass zwischen Karfreitag und Ostern viel gestorben wird. Wieder gab es einen tödlichen Motorradunfall. Ein junger Mann hatte die Kontrolle über seine Maschine verloren. Nachdem ich die Todesnachricht überbracht hatte, beschäftigte ich mich in Gedanken mit der Osterpredigt, ging dabei einkaufen. Würstchen, ein bisschen Bier für das sonnabendliche Osterfeuer, zu dem ich Freunde und Gemeindemitglieder eingeladen hatte.

41

Gegen halb sechs Uhr abends klingelte das Telefon. In einem Obdachlosenheim gab es einen Toten. Zwei reichlich angetrunkene Heimbewohner meldeten der Polizei den Vorfall. Der Verstorbene hatte die beiden offensichtlich für einen bier-fröhlichen Nachmittag besucht.

Mein Osterfeuer blieb unangezündet, denn ich konnte mich dem Auftrag nicht entziehen. Ich weiß, wenn die Kollegen mich anrufen, sie auch mich meinen, ich mir also keine Ausflüchte überlegen sollte. Zu jedem Zeitpunkt absolut verlässlich zu sein, habe ich mir zum Prinzip gemacht. Das ist unsere gemeinsame Arbeitsgrundlage. Würde sie angekratzt, wäre sicher auch schnell das Vertrauen zueinander verspielt.

Doch auch das österliche Leben ging weiter. Ich pinnte einen Zettel an die Tür, dass das Osterfeuer später beginnen würde. Dann rief ich schon im Auto fahrend noch einige Leute an, die kommen wollten, erklärte die Situation, sagte, wo alle Zutaten zu finden waren. Vierzig Minuten später war ich im Obdachlosenheim, die Luft war alkoholdurchtränkt, Bierflaschen lagen und standen überall herum. Der Tote lag auf dem Boden mit einer Wunde am Kopf. Die beiden Anrufer waren inzwischen im Polizeirevier. Die Kollegen der Kriminalpolizei kamen, nahmen die Spuren auf, der Gerichtsmediziner traf kurz nach mir ein. Der Tote wurde eindeutig identifiziert, und ich machte mich auf, die Todesnachricht zu überbringen. Eine ältere Frau, weißhaarig und sympathisch, öffnete mir die Tür. Der Tote war ihr Sohn. Am Vormittag war er noch in den Supermarkt gegangen, um etwas zu besorgen, seitdem hatte er sich nicht mehr gemeldet. Sie schlug die Hände vors Gesicht, guckte auf die Couch. Hier, bedeutete sie, war vor 23 Jahren ihr Mann in ihren Armen gestorben. Die »anderen Toten« im Leben eines Menschen auferstehen oft sofort wieder, wenn sich ein neues Unglück ereignet. Jetzt war der Sohn dieser Frau tot, es dauerte eine Weile, bis sie es wirklich aufnehmen konnte. Sie erzählte, dass er schon seit einigen Jahren wieder bei ihr lebte, in der Liebe kein Glück hatte. Er war schon viele Jahre arbeitslos, hatte nur, wenn im Sommer die Touristen kommen, Aussicht auf einen Saisonjob. Ich musste ihr in all der Trauer auch noch Formalitäten mitteilen, unter anderem in welches Beerdigungsinstitut der Leichnam gebracht wurde. Dann fragte ich nach dem örtlichen Pfarrer, den sie sicher kannte. Tatsächlich hatte sie noch am Tag zuvor nach der Kirche mit ihm gesprochen. Er sei ein netter Mann. Ich ging fest davon aus, dass er die Beerdigung übernehmen würde. Als ich dies, eher wie eine Selbstverständlichkeit und nebenher sagte, sackte die Frau in sich zusammen. Ihr Sohn habe keine Kirchensteuer bezahlt, jetzt wusste sie nicht, ob er überhaupt ein christliches Begräbnis bekommen konnte.

Zu Hause hatten die Gäste auf mich gewartet, wir zündeten das Osterfeuer zusammen an. Es wurde ein fröhlicher und besinnlicher Abend. Doch die Sorge der alten Frau, dass ihr Sohn kein christliches Begräbnis bekommen könnte, weil er keine Kirchensteuer bezahlt hatte, beschäftigte mich. Warum hielt sie die Kirche für so eine herzlose, geschlossene Gemeinschaft? Leider glaube ich die Antwort zu kennen. Denn jüngst hatte ich mit einem ähnlichen Fall von Verschlossenheit zu tun. Eine entfernte Bekannte, eine Künstlerin, starb, sie war aus der Kirche ausgetreten und hatte demzufolge auch die Steuern nicht bezahlt. Künstler beschäftigen sich meiner Erfahrung nach mit den letzten Dingen des Lebens sehr intensiv. Es scheint mir, dass ihr Schwanken zwischen Skrupeln, Zweifeln und Glauben sie zu besonderen Seismografen der Gesellschaft macht. Viele von ihnen wollen in dieser letzten Stunde in die Kirche gehen, denn ein Austritt aus der Kirche beendet die Beziehung zu Gott nicht. Ein weltlicher Redner wäre auch den Hinterbliebenen dieser Frau suspekt gewesen. So fragten sie mich, ob ich die Trauerfeier gestalten könnte. Dieser Wunsch erschien mir folgerichtig und normal. Kirche und Glaube in ihrer jahrtausendealten Tradition vermögen ein besonderes Maß an Kraft und Trost in diesen letzten Stunden zu spenden. Wir als Kirche können in dieser Beziehung aus dem Vollen schöpfen. Doch es gab ungeahnte Probleme, das Gotteshaus war nicht so einfach für diese Feier zu haben. Der Gemeindekirchenrat musste dazu einen Beschluss fassen. Bevor die Trauerfeier begann, erklärte der örtliche Pfarrer das Leitbild der Gemeinde: Sie seien eine offene Kirche, weshalb für diese Trauerfeier der Raum genutzt werden könne. Dann sprach er ein Gebet. Es war uns aber trotz aller Zuvorkommenheit nicht möglich, das Geläut zu nutzen. Aber da die Beerdigung um 12 Uhr begann, nahmen wir das standardmäßige Mittagsgeläut als ein himmlisches Geschenk an.

Einmal begegnete ich auch einem jungen Vater, der nicht an den Taufstein seines Sohnes treten durfte, nur weil er selbst nicht getauft war. Auch seine kirchliche Trauung stand deshalb auf dem Spiel. Eine Glaubensunterweisung hätte er einfach aus Zeitgründen nicht mehr bis zur Hochzeit geschafft. Aber wenn jemand spürt, dass Gott ihn auserwählt hat, dass er etwas von ihm will, sollte sich dann ein Pfarrer wirklich verweigern? Und selbst dann, wenn jemand es einfach feierlicher findet, in einer Kirche sein »Ja-Wort« zu geben, dann ist doch trotzdem ein Funken vorhanden. Darf man den ersticken? Ich taufte ihn, und seit dieser Zeit sind wir in einem wunderbaren Gespräch über Gott verbunden. Denn wenn eine Kirche sich so verschließt, ebenso wie sie auch ihre Gebäude werktags verschlossen hält, ist die Frage nach ihrem Überleben erlaubt. Das Evangelium ist uns gegeben, um es zu verschenken. Aber wir geizen, wir geizen an uns selbst. Kirchensteuer wird von vielen gezahlt, damit sie ein christliches Begräbnis bekommen. Sie haben sich sozusagen ihr Recht erkauft, aber ich bin der Meinung, wir können auch die beschenken, die sich dieses Recht nicht erkauft haben. Die Kirche darf nicht in starrer Ordnung verhaftet bleiben.

In meiner Osterpredigt am nächsten Morgen nach dem Tod des Mannes im Obdachlosenheim griff ich diesen Gedanken und die Sorge der alten Frau um das christliche Begräbnis ihres Sohnes auf. »Ist die Kirche in ihrer eigenen Ordnung verfangen, verliebt, verbittert und, was ich kaum zu sagen wage, verloren?« Jesus von Nazareth war es gelungen, die bestehende Ordnung zu stören, so erfolgreich, so nachhaltig, dass er zur Unperson erklärt wurde. Eine seiner verwegensten Angriffe war die so genannte Tempelreinigung. Er ging in den Tempel und fing an, die Verkäufer und Käufer zu vertreiben, er stieß die Tische der Geldwechsler und die Stände der Taubenhändler um. »Mein Haus soll Bethaus heißen für alle Völker. Ihr habt daraus eine Räuberhöhle gemacht.« Das war mehr als die Tat eines umherwandernden Unruhestifters, das war ein Angriff auf den Staat und die Gesellschaft. Durch die Kreuzigung Jesus', wurde die Ordnung kurzfristig wiederhergestellt. Alles schien in den gewohnten Bahnen zu laufen. Doch dann kam Ostern, die einmalige, unerklärbare und unwiderrufliche Auferstehung. Jesus kam nicht einfach zurück, sein Kommen war wider alle Vernunft, denn der Tod ist unwiderruflich – nur nicht im Widerstand Gottes. Alles in unserem Leben hat ein davor und danach. Vor Ostern war die kleine Welt zwischen Nazareth und Jerusalem in Unordnung geraten, danach die ganze Welt von Jerusalem bis Rom. Mit dem Widerstand des Auferstandenen im Rücken wurde die Welt immer wieder verändert. Aber ist aus dem Vergangenen nicht erneut wieder Vergehendes geworden, aus dem Tempel eine Tempelkirche? Und ist diese heutige Kirche nicht wieder in ihrer eigenen Ordnung verfangen, verliebt, verbittert? Jesus stellte immer wieder die Ordnung in Frage, deshalb erscheint es mir so trostlos, dass sich Kirche in ein Übermaß von Ordnungen bindet, auch in staatliche. Menschen können wir doch nur durch unseren Glauben überzeugen, und nicht durch Ordnung. Wir müssen uns fragen, ob dieses Ordnungsverhalten dem Widerstand des Auferstandenen gemäß ist. Ich finde, und so endete auch meine Osterpredigt, es geht in Ordnung, wenn wir nicht ganz ordentlich sind. Wir dürfen uns doch geehrt fühlen, wenn andere über uns, unser Denken und Glauben sagen, »die sind nicht ganz ordentlich«. Die Ordnung der Welt ist am Widerstand Jesu gebrochen und nicht umgekehrt. Das ist Ostern, das wollen wir nicht nur feiern, das sollten wir auch leben!

Selbstmord und Schuld

Polizeiseelsorge sollte meiner Ansicht nach nicht nur im Notfall, also dann, wenn das Gefühlsleben aus den Fugen zu geraten droht, greifen. Ich verstehe mich als Kollege der Polizisten, der immer irgendwie mit im Dienst ist, den sie auch als einen Freund ansprechen können. Im Gegensatz zu Polizeipsychologen bin ich kein Teil der Behörde und bin nicht berichtspflichtig, Grundlage meiner Arbeit ist das vertrauliche Gespräch. Bei mir gibt es auch keinen Therapieansatz oder ein vorgegebenes Ziel, zu dem ich die Kollegen führen will. Stattdessen geht es um das Miteinandersprechen, ich höre zu, gebe, wenn gewünscht, Ratschläge und bringe eine andere Denkstruktur in die Probleme der Menschen, die zu mir kommen. Oftmals geht es den Kollegen dabei um Sinnfragen, sie fragen sich, wozu ihr Leben überhaupt gut ist. In solchen Momenten bewege ich mich sicher in meiner Glaubenswelt und freue mich, dass die Kirche hier gesellschaftliche Verantwortung übernimmt. Denn schließlich werden Polizisten immer dann gerufen, wenn es Probleme gibt, sie stehen im Mittelpunkt gesellschaftlicher Konflikte. Und es ist eben so, dass die Umwelt auf jeden Menschen abfärbt, und rund um Polizisten sind Probleme und Frustrationen. Bei Polizisten werden die Probleme wie in einer Obstpresse immer nach unten gequetscht, bis irgendwann kein Saft mehr da ist und sich Beamte leer und ausgelaugt fühlen. Ich bin froh, dass die Kirche hier einen Seelsorger stellt, der sich dieser Menschen annehmen kann – denn schließlich werde ich nicht vom Staat bezahlt, wie die meisten der Kollegen glauben, sondern von der Kirche!

Mein Büro habe ich in der Polizeidirektion Anklam eingerichtet, einem sehr nüchternen funktionalen Gebäude. Das Zimmer ist recht spartanisch eingerichtet, es gibt einen Schrank, einen kleinen Schreibtisch und einen Tisch mit zwei Stühlen fürs Gespräch. Das Kreuz habe ich selbst entworfen und gezimmert. Es soll gerade an so einem ganz auf die Gegenwart ausgerichteten Ort auf die Vergänglichkeit, nicht auf die Vergeblichkeit des Lebens hinweisen. Tod und Auferstehung werden von dem Kreuz als eine Bewegung von unten nach oben dargestellt. Manche fragen mich nach seiner Bedeutung, dann erkläre ich sie, und wir kommen im Gespräch von der Welt zu Gott und umgekehrt von Gott zur Welt. An meinem Türschild steht »Polizeiseelsorger«, Öffnungszeiten sind nicht vermerkt. Manchmal schiebt mir jemand einen Zettel unter der Tür durch; wirklich oft bin ich nicht hier.

Meine Passion ist es, direkt vor Ort bei den Kollegen auf den einzelnen Revieren zu sein, Kaffee zu trinken, zu reden. Skeptiker fragen sich manchmal, warum ich dafür Geld bekomme. Am Anfang waren viele nicht gerade überzeugt von meiner Arbeit, inzwischen sind es weniger geworden. Denn es ist mir durch den häufigen, persönlichen Kontakt gelungen, Vertrauen aufzubauen. Ich gehe in eine Dienststelle und erzähle einfach ein bisschen von dem, was gerade so aktuell ist, von meinen Fällen, der Familie, vom Haus und dem Garten. Und ich erkundige mich, was bei den Kollegen so anliegt. Wir lachen viel und oft. Denn die Polizisten sind auch dankbar für so eine kleine Abwechslung, einen Spaß, manchmal auch einen deftigeren. Dass ich ein Mann der Kirche bin, statt Dienstgrad-Sternen auf der Jacke das Kreuz trage, das fällt kaum mehr ins Gewicht. Ich bin einer von ihnen. Das ist mir sehr wichtig, gerade hier im Osten, wo das Christentum gut 40 Jahre lang nur am Rande eine Rolle spielte, besonders bei der Polizei.

Ich bemerke wieder eine zarte Hinwendung zu Gott. »Kannst du unser Kind taufen?«, werde ich gefragt, oder »Wir wollen kirchlich heiraten, traust du uns?« Das sind wunderschöne Fragen, die mich manchmal rühren und auch ehren. Es soll nicht der Pfarrer der Gemeinde sein, nein ich, der Polizeiseelsorger, soll sie in den Bund der Ehe führen oder dem Neugeborenen den Segen geben. Meine Pastorenkollegen würden so ein Fest sicher nicht weniger feierlich machen; was bei der Entscheidung eher eine Rolle spielt, ist die gemeinsame Arbeit bei der Polizei, ein Stück gemeinsame Berufserfahrung. Das verbindet inzwischen sehr. Zu Beginn meiner Dienstzeit als Polizeiseelsorger nahmen die meisten Kollegen diese schöne, erhabene Seite meines Berufs nicht zur Kenntnis. Einmal redeten wir zum Beispiel am Tisch über die bevorstehende Hochzeit eines Paares, das keinen Draht zu seinem Gemeindepastor fand, und überlegten, was nun zu tun sei. Da habe ich gefragt, ob sie sich von mir trauen lassen würden. Es kam zu allgemeiner Verblüffung am Tisch, bis einer meinte, ich sei doch nur für die Toten zuständig. So hat man eben auch schnell einen Ruf weg. Natürlich habe ich dann das Paar getraut – es war sehr feierlich und die vielen Kollegen in der Kirche waren gerührt.

Bei den vielen Begegnungen in den Polizeirevieren kann ich Stimmungen aufnehmen und spüren, welche Probleme in der Luft liegen. Besonders nach schweren Einsätzen, bei denen Polizisten in gefährliche Situationen kamen, von der Schusswaffe Gebrauch machen mussten oder bei denen es Tote zu beklagen gab, bin ich nachher oft in der entsprechenden Polizeidirektion. Für mich ist das Kaffeetrinken also eher ein selbst auferlegter Dienstauftrag, dem ich sehr gern nachkomme. Und er schafft Vertrauen, das habe ich über die Jahre gespürt. Aber der Eigennutz kommt dabei nicht zu kurz, denn auch ich bin gern unter Menschen, erzähle und höre zu. Schließlich ist Pfarrer zwar eine Arbeit, für die man Verbündete und Partner braucht, aber es gibt auch viele stille Stunden in meinem Pfarrhaus in Groß Kiesow, wo ich Predigten schreibe, über Fälle nachdenke, Analysen anstelle und Seminare vorbereite.

Seminare sind ein wichtiger Teil meiner Arbeit bei der Polizei. Sie finden in Zingst auf dem Darß statt, ganz am Rande des Badeortes. Fünfzehn Kollegen kommen da zusammen, und treffen auf Experten, die ein spezielles Thema aus ihrer Sicht beleuchten. Es geht zum Beispiel um Tod, um die Arbeit mit den Medien oder um Ausländer, die hier leben. Um Themen also, bei denen auch ich mich zum Teil zunächst auf unsicherem Terrain bewege. Diese Seminare sind sozusagen »Ethische Wochen«. Zu den Fakten, welche von den Experten oder Betroffenen vorgetragen werden, versuche ich die Perspektive christlicher Ethik hinzuzufügen. Eins ergibt sich aus dem anderen, Fragestellungen und Probleme werden ungemein komplex, so dass wir manchmal auch zu seelsorgerischen Fragestellungen kommen. Zwischendurch unternehmen wir Spaziergänge am Strand und trinken abends auch mal ein Bier zusammen. In so gelockerter Atmosphäre kommen auch Dinge zur Sprache, die in kein Dienstzimmer gehören. Wir, die Polizisten und ich, vertrauen einander.

Ohne dieses Vertrauen hätte mich sicher auch Anna nie angerufen. Sie ist mit ihrer Kollegin Eva verheiratet. Da fehlt es in den männlich dominierten Dienststellen natürlich nicht an unqualifizierten Bemerkungen. Aber die beiden Polizistinnen hörten darüber hinweg, lebten selbstbewusst und sehr gelassen ihre Ehe. Beziehungsprobleme entstanden erst, als die Kollegin Tanja in ihr Leben kam, eine lebenslustige, ehrgeizige junge Frau, die aus der Ukraine nach Deutschland kam. Sie studierte Germanistik und lernte Deutsch besser als mancher Deutsche. Tanja wollte in dem Land leben, dessen Kultur es ihr so angetan hatte. So heiratete sie einen Deutschen und kam in die Bundesrepublik, aber die Ehe zerbrach. Tanja blieb dennoch, und aus einer ukrainischen Lehrerin wurde eine deutsche Polizistin. Sie war schon außergewöhnlich und lebte immer vorwärts, notfalls auch gegen den Strom. Ihr Leben spielte sich zwischen zwei Kulturen ab, zwischen Herkunft und Ankunft. Tanja hatte Probleme. Also nahmen sich Eva und Anna ihrer an. Die drei vertrugen sich und hatten viel Spaß miteinander. Zwei Jahre lebten sie so, doch ganz unterschwellig bahnten sich Gefühle an, die sie alle belasteten. Vielleicht wäre es gut gewesen, wenn Tanja wieder ihre eigenen Wege gegangen wäre.

Aber es kam anders. Anna kam eines Tages nach Hause, sah, dass Tanja ihr Zimmer offenbar fluchtartig verlassen hatte, was sonst nicht ihre Art war. Da hörte sie auch schon Sirenen der Polizei und den Krankenwagen. Hätte sie einen anderen Weg nach Hause genommen, wäre sie direkt an der nur wenige Meter entfernten Unfallstelle vorbeigefahren, an diesem Baum, an dem Tanjas Wagen zerschellte, sie selbst aus dem Wagen geschleudert wurde und noch auf dem Feld liegend verstarb. Anna wusste, dass auch Eva auf dem Weg nach Hause war, sie rief sie an und bat sie, einen anderen Weg zu nehmen.

Beide Frauen waren schockiert vom Tod ihrer Mitbewohnerin. Eva aber reagierte ungewöhnlich, sie begann sofort, Tanjas Sachen zu sortieren, ihre Papiere zu ordnen, und schimpfte darüber, was Tanja sich nur einbilde und dass sie nun den ganzen Ärger und die Arbeit hätte. Zwei Tage lang zeigte sie nicht die Spur von Trauer. Diese Reaktion versetzte wiederum Anna in Angst, sie rief mich an. Natürlich wusste ich, dass die beiden ein Ehepaar waren und auch von Tanja, die bei ihnen lebte – jedes Büro ist eine Klatschzentrale. Aber ich kannte die beiden auch vom Seminar in Zingst. Nachdem ich in ihrer Wohnung eintraf, versuchte ich mir in wenigen Stunden ein Bild von den Beziehungen der drei zu machen. Ein Foto mit Autogramm von Angela Merkel hing an der Wand, überraschenderweise neben zwei Fotos von »t. A. T.u«, dem russischen Rock-Duo, das lange Zeit behauptete, lesbisch zu sein. Tanja hatte für Eva alle Titel aus dem Russischen übersetzt. Auch von sich selbst hatte die junge Einwanderin ein paar Bilder aufgehängt, sie schien eine flotte Person gewesen zu sein, sehr offen, schön und ein bisschen provokativ.

Nachdem ich Tanjas Zimmer gesehen hatte, setzte ich mich mit den beiden Frauen in die Küche. Hier sprach Eva zum ersten Mal darüber, dass sie davon überzeugt sei, Tanja hätte den Baum mit Absicht angesteuert, sie habe sich das Leben nehmen wollen, weil die häusliche Situation nicht mehr jene Harmonie der ersten Monate hatte. Tatsächlich sprach zunächst auch einiges dafür, so dass auch ich einen Suizid vermutete. Eva gab sich die Schuld, glaubte, sie hätte durch andere Worte und Handlungen verhindern können, dass Tanja gegen den Baum fuhr. Es ist schwer, jemanden von seiner vermeintlichen Schuld freizusprechen. Wir saßen am Küchentisch und ich hörte zu, wie Eva von Tanja redete. Manchmal habe die Tote sich von ihrem Beruf als Polizisten unterfordert gefühlt, habe mehr gewollt vom und im Leben. Tanja war niemand, der Ruhe und Dauer suchte, sie liebte den Genuss des Augenblickes, konnte mit ihrem lebenshungrigen Selbstbewusstsein aber vielleicht auch überfordern.

In diesem Fall musste auch ich reden – und nicht wie meist nur zuhören. Denn ein Suizid, lateinisch »suicidium« von »sua manu caedere« bedeutet »mit eigener Hand fällen«. Das macht man nicht spontan und nicht mit einem Hieb. Den Gedanken, freiwillig aus dem Leben zu scheiden, trägt man lange mit sich herum. Immer wieder steht man mit ihm auf, fährt mit ihm Auto, guckt sich Stellen an, überlegt Szenarien und geht wieder mit ihm zu Bett. Man begründet sich diesen endgültigen Schritt immer wieder als den richtigen. Sicher ist da manchmal auch ein kurz aufflackernder Rachegedanke dabei, die Überlegung, es jetzt einmal allen zeigen zu wollen. Aber diese Gedanken sind nie ausschlaggebend für einen Freitod. Stattdessen steht das eigene Leben, die offensichtliche oder scheinbare Ausweglosigkeit im Mittelpunkt. Ich redete also fast schon gebetsmühlenartig auf Eva ein, dass sie, sollte es sich denn überhaupt um einen Suizid handeln, nicht schuld sei. Langsam fassten meine Worte in ihren Gedanken Fuß. Aber nur in ihren Gedanken, ihre Gefühle erreichte ich noch nicht. Sie konnte nicht weinen, ihre Seele schien ganz trocken. Vielleicht lag es daran, dass Eva schon einmal den plötzlichen Tod eines ihr sehr nahestehenden Menschen erleben musste. Damals hatte sie viel und lange geweint und vergeblich versucht, im Alkohol Trost zu finden. Fremde Hilfe wollte sie seinerzeit nicht und hat es tatsächlich geschafft, sich allein aus dieser furchtbaren Situation wieder zu befreien. Vermutlich hatte sich durch die damaligen Qualen ein Panzer um ihre Seele gelegt, der sie jetzt vom doch so notwendigen Trauern abhielt.

Nach mehreren Stunden ging ich. Auf der Fahrt nach Hause ging mir immer wieder die vertrackte Situation der

Frauen durch den Kopf, es war so ein unglaublicher Wirrwarr von Gefühlen, von Realem und Vermutetem. Zu Hause machte ich den Computer an und versuchte mir eine Art Schema zu erstellen von Tanja und ihrem Leben, das mir Klarheit darüber verschaffen sollte, in welchen Verhältnissen und Verstrickungen diese auf dem Bild so selbstbewusst wirkende Frau lebte und was sie für die Menschen ihrer Umgebung bedeutete. Diese Gedankenspiele halfen mir bei der Vorbereitung der Predigt zur Trauerfeier, denn die Kollegen der Dienststelle wollten noch von Tanja Abschied nehmen, bevor sie in die Ukraine zu den Eltern überführt wurde. »Ungeschönt Wahres, ungeschönt Gedachtes, ungeschönt Gesprochenes kann der Schönheit des Lebens nichts anhaben. Wer sein Leben schön gestalten will, kann es nur ungeschönt wollen. Ein schönes Leben ist nicht schmerzfrei, nicht leidlos, nicht nur glücklich.«

Zur Aufbahrung der Toten beim Bestatter kam Eva nicht, sie hätte das nicht ausgehalten und konnte auch noch immer nicht weinen. Anna erschien und gab Tanja noch ein Briefchen auf den letzten Weg mit. Meinen Freund Michael, der oft den musikalischen Part der Trauerfeiern übernimmt, bat ich, für die Tote ein besonderes Lied zu schreiben. Anna und Eva hatten zwar etwas ausgesucht, das aber nicht den Kern Tanjas traf. Wenn die Hinterbliebenen schwanken, übernehme ich dann oft einfach die Regie so einer Zeremonie, um den Betroffenen Sicherheit und die Möglichkeit zu geben, sich ganz auf sich selbst zu konzentrieren. Eva und Anna sagten mir später, dass sie die Predigt sehr dem Anlass entsprechend fanden. Wer wollte, konnte Zwischentöne hören, wer ahnungslos war, blieb es auch. »Tanja, dass wir dich vermissen, ist das Einzige, was wir wirklich wissen«, predigte ich. Mein Part in diesem Trauerfall war nun beendet.

Anna und Eva kämpften aber noch viele Monate lang um ihre Wahrheit; die Antwort auf die Frage, ob es Selbstmord oder Unfall war, ließ sie lange nicht los, ebenso wie die Schuldfrage. Die polizeilichen Ermittlungen ergaben dann eindeutig, dass es kein Selbstmord war, aber die Unfallursache konnte nicht zweifelsfrei geklärt werden. Die Frauen beruhigte das Ergebnis nicht, sie starteten eine Art Selbstversuch und fuhren mehrfach mit der sehr hohen Geschwindigkeit, mit der auch Tanja gefahren war, die Strecke ab. Sie visierten den Todesbaum dabei an und stellten fest, dass man zentimetergenau das Lenkrad einschlagen muss, um diesen Baum zu treffen. Anna suchte auch auf dem Feld nach Spuren, fand noch einiges von Tanja – doch auf Selbstmord deutete auch hier nichts hin. Aber der Zweifel nagte so an Eva und Anna, dass sie es mit einem Hellseher und Heiler in Bonn versuchten. Er sollte die Wahrheit ans Licht bringen, obschon die beiden eigentlich nicht an solche Dinge glauben, aber wissen, dass es jede Art von Betrügern gibt. Dennoch musste jede Möglichkeit zur Wahrheitsfindung ausgeschöpft werden, da waren sie sich einig. Der Hellseher wusste dann auch, dass Anna der verstorbenen Tanja einen Brief in die Jackentasche gesteckt hatte, was sie noch nicht einmal Eva erzählt hatte. Er wusste, dass die beiden auf der Fahrt nach Bonn fast einen Unfall hatten. So überzeugte er die beiden Frauen von seinen Fähigkeiten, Bilder und Gedankensplitter aus dem Jenseits aufzufangen, und erklärte, Tanja sage ihm, dass sie keinen Selbstmord begangen habe. Eva war danach endlich von dem Unfalltod überzeugt, und sie konnte ihrer Trauer freien Lauf lassen.

Die Bilder im Kopf

Ehe ein Polizist einen Hilferuf sendet, braucht es lange, so lange, bis er wirklich keinen anderen Ausweg sieht. Meistens meint er allein mit seinen Problemen klarzukommen. Gelegentlich bin ich auch etwas erschrocken, wie tief verwurzelt diese Mentalität ist und wie gering die Bereitschaft, sich mit dem Tod auseinanderzusetzen. Ich erlebe das immer wieder bei den Seminaren mit jungen Polizisten, auf denen ich ein Video über eine junge Kollegin zeige. Sie hat vor einigen Jahren einen Bankräuber erschossen. Seither ist sie am »post-shooting-shock« erkrankt und berufsunfähig. Sie ist aufs Land gezogen und versucht in Ruhe und Abgeschiedenheit, mit diesem Erlebnis zurechtzukommen: dem Augenblick, als sie das Leben eines Menschen auslöschte. Es geht mir in dem Fall nicht um Schuld oder Unschuld. Sie und ihr Kollege waren mehrfach von dem Bankräuber beschossen worden, allein in ihrem Auto fanden sich vier Einschusslöcher. Ich würde mich nur freuen, wenn den jungen Beamten in jeder möglichen Situation bewusst wäre, was es bedeutet, eine Schusswaffe einzusetzen. Der Film dauert 45 Minuten, viele Kollegen schalten aber bereits nach 15 Minuten innerlich ab. »Wer das nicht aushalten kann, hat bei uns nichts zu suchen«, denken sie – und werden auch in der Ausbildung und dem Dienstalltag selten mit einer anderen Einstellung konfrontiert. Manche der Beamten sagen mir deshalb auch heute nicht Bescheid, wenn es zu einem großen Unglück gekommen ist, das auch ihre Kollegen in Mitleidenschaft gezogen hat. Einen Seelsorger haben gestandene Polizisten ihrer Meinung nach nicht nötig. Was Stress in einem Menschen auslösen kann und wie man ihn rechtzeitig bekämpft, um größeres Unglück zu verhindern, wird in der Ausbildung vermittelt und später leicht vergessen. Nur so kann ich mir erklären, dass es zum Beispiel tödlich endende Verfolgungsjagden gibt, bei denen sich lediglich ein Verkehrsteilnehmer der Kontrolle entziehen wollte – am Ende findet sich der Wagen an einem Baum oder einer Häuserwand wieder und niemand kann sagen, warum es so weit kommen musste.

Ob die Beamten nun selbst in einen Todesfall verwickelt sind oder ihn »nur« aufnehmen müssen – »seine Verstorbenen« hat jeder der Kollegen, dennoch tauscht man sich selten aus. Schließlich glaubt jeder zu wissen, wie es dem anderen geht. Jeder hat seine Toten, seine besonders schwierigen und tragischen Fälle. Mit der Familie mag kaum jemand darüber reden. Was haben die Toten am Abendbrottisch, vor den Kindern oder bei der Gartenarbeit zu suchen? Das normale Familienleben hat für solche Gespräche keine Zeiten, keine Räume, und es gibt andere Prioritäten. Außerdem, und da bin ich mir ganz sicher, kann ein Außenstehender nicht begreifen, was für einen Schmerz, was für einen Druck ein Toter ausübt. Da tut mir jemand etwas an, drängt sich mit schrecklichen Bildern in mein Leben, ohne mich vorher gefragt zu haben; ist einfach ab jetzt Teil meines Gedächtnisses.

Mir ist dieses Gefühl, dieser Druck sehr vertraut, denn mir geht es fast ebenso. Ich erzähle zu Hause auch sehr selten etwas von dem, was ich erlebt habe. Nicht das ich nicht wollte oder nicht könnte; es fehlen schlicht die gemeinsame Gesprächsbasis, der berufliche Draht, das gemeinsame oder ähnliche

Erleben – und genau genommen wünscht man seinen Angehörigen solche Anblicke ja auch wirklich nicht! Die Familie ist eine Stütze und ein Ventil; aber die Last, die die fremden Toten einem aufbürden, kann sie einem nicht abnehmen.

Wenn Partner in unterschiedlichen Berufen arbeiten, spielen fachliche Themen aus der Berufwelt generell meistens keine große Rolle. Und der Tod als Arbeitsgegenstand ist ja zusätzlich noch etwas ganz Besonderes. Manchmal erzähle ich zu Hause von einem zurückliegenden Fall, dessen Eindrücke ich schon in der Erinnerung eingeordnet und abgelegt habe. Aber auch dann ist es nicht einfach, so über diese Dinge zu sprechen, dass Menschen, die weder Polizisten noch Seelsorger sind, sie verstehen. Wenn ich zum Beispiel bei Freunden über längst vergangene Fälle erzähle, spüre ich oft, dass ich mich nicht richtig verständlich machen kann. Versuche ich den normalen, polizeiüblichen lockeren Ton anzuschlagen, der die Sache ganz cool technisch ohne Mitleid betrachtet, dann halten mich alle für herzlos und denken, ein bisschen mehr Pietät wäre doch wohl angebracht! Erzähle ich aber vom Leid, erstirbt sofort jedes weitere Gespräch, alle betrachten mich etwas seltsam und meinen, das müsse doch jetzt gerade nicht sein. Gesagt wird meist nichts, ich werde nur angeguckt. Ich bin da inzwischen schon sehr dünnhäutig geworden und erzähle weniger, zumal jedes ausgesprochene Wort, jeder laute Gedanke das Erlebnis wieder lebendig werden lassen.

»Verarbeiten« heißt das Schutz- und Zauberwort. Für mich klingt es allerdings nach »Holzverarbeitung«. Aus Holz wird irgendwann Papier. Verarbeiten bedeutet, aus dem ursprünglichen Gegenstand einen vollkommen anderen zu machen. Aber Bilder, die man im Gedächtnis hat, arbeiten in einem, die kann man nicht umformen, man kann sie noch nicht mal retuschieren. Diese Bilder, diese Gerüche, diese Schreie und

Geräusche haben einen in der Hand. Wenn man sie nicht versteckt, wenn man darüber spricht, sich austauscht, was zu den schwierigsten Dingen in diesem Metier gehört, lässt sich die Kraft dieser Eindrücke leichter bannen. Trotzdem bleiben sie immer im Sinn, werden lediglich überlagert von anderen furchtbaren und freudigen Ereignissen. Ein probates »Heilmittel« neben dem Gespräch ist die Zeit. Viele Kollegen vertrauen darauf, dass die Zeit alles sanft zudecken wird. Sich beim Alkohol zu bedienen, einem Kurzzeitnarkotikum, ist etwas, von dem ich gar nichts halte.

Da ich also aus eigenem Erleben weiß, wie schwierig es ist, mit solchen Eindrücken fertig zu werden, freue ich mich immer, wenn Kollegen auf mich zukommen und im Gespräch versuchen, wieder einen klaren Kopf zu bekommen. Eines Tages rief mich Erika Rohlf an, eine gestandene Kollegin und Verkehrsermittlerin aus Parchim, immer ausgeglichen und freundlich. Sie bat mich dringend um Hilfe. Ich kannte sie von Seminaren in Zingst und überlegte nun, was vorgefallen sein mochte. Erika hatte schon einige Tote in ihrem Gedächtnis gespeichert. Als Verkehrsermittlerin ist es ihre Aufgabe, schwere Unfälle mit Toten und Verletzten am Tatort aufzunehmen und den Vorgang dann für die Staatsanwaltschaft aufzuarbeiten. Verkehrsermittler sind neben den Schutzpolizisten, Feuerwehrleuten und Ärzten diejenigen, die all das Leid, das unser Straßenverkehr verursacht, unmittelbar erleben. Verkehrsermittler kriechen unter die zerquetschten Autos, sehen herausgeschleuderte Taschen, Koffer, Schuhe, abgerissene Arme, Beine, Köpfe, Blut, Hirnmasse. Aber sie sehen all dieses Grauen in diesem Moment nicht wirklich, sondern registrieren und ordnen die Dinge professionell zu einem Gesamtbild. Wären Gefühle im Spiel, könnten die Kollegen nicht exakt arbeiten.

Ich kann mich in diese Arbeit hineindenken, auch in die Schwierigkeiten, die sie plötzlich in einem auslösen kann, und machte mich sofort auf den Weg. Die Fahrt dauerte zweieinhalb Stunden; unterwegs erinnerte ich mich an andere schwere Unfälle. Einmal erlebte ich, wie ein Sanitäter gerade die Tür des Krankenwagens mit einem Schwerverletzten schloss, als eine Kollegin noch dessen Schuhe hinterherwarf. So wichtig sind die auch nicht, dachte ich und wurde von der Kollegin eines Besseren belehrt: Wer seine Schuhe noch anhabe, der überlebe. Deshalb helfe es, sie mitzugeben. Etliche Polizisten schwören auf diesen Aberglauben; und zumindest der Schwerverletzte von damals hat überlebt.

Bei Erika angekommen, traf ich auf ein Häufchen Elend, durchmischt mit Wut. Die Mittvierzigerin hatte in den letzten Wochen zwei schwere Unfälle mit jeweils drei Toten zu verkraften. Der zweite war besonders schlimm. Eine Familie, Vater, Mutter und Schwiegersohn, war gegen einen Baum gefahren. Alle waren auf der Stelle tot. Erika hatte ihre Arbeit wie immer gemacht. Bremsspuren sichern, klären, ob ein anderes Fahrzeug am Unfall beteiligt war. Der Aufprall hatte die Insassen aus dem Wagen geschleudert, sie sahen schlimm aus. In wenigen Minuten wären sie zu Hause gewesen, sie kamen aus dem Nachbardorf. Erikas Aufgabe war es nun, die Angehörigen zu verständigen. Es war schon kurz vor 22 Uhr. Sie fuhr mit einem Kollegen die wenigen Kilometer. Die Familie wohnte in einem ehemaligen Tagelöhnerhaus, am Rande des Dorfs. Der Hund kläffte, Katzen und Hühner bevölkerten den Hof. Als sie vorfuhren, kamen mehrere Kinder aufgereiht wie Orgelpfeifen vergnügt aus dem Haus gelaufen und freuten sich, ein echtes Polizeiauto zu sehen. Denen konnte Erika nicht sagen, dass die Eltern verunglückt waren. Auf die Frage nach einem Erwachsenen erschien ein geistig schwer behinderter junger Mann. Was konnte sie machen? Es ging schon auf Mitternacht, so dass Erika den Kindern erstmal sagte, die Eltern kämen heute nicht nach Hause, aber es werde sich jemand um sie kümmern. Erika machte sich auf den Weg zur Bürgermeisterin, die auch Kinder hatte und das Problem in den Griff bekommen würde, bis Verwandte gefunden waren. Aber die Bürgermeisterin war nicht da, also fuhren die Kollegen zum Pfarrer. Auch der war unterwegs. Aber seine Frau war zu Hause, »der habe ich die Kinder aufs Auge gedrückt«, sagte mir Erika in ihrem Polizeijargon. Sicher hätte sie auch das Jugendamt anrufen können, aber es war besser, die Kinder in vertrauter Umgebung zu belassen. »Dieser Unfall samt Organisation danach war ein wenig kompliziert, aber während man so etwas macht, arbeitet man, es ist Routine«, beschrieb mir Erika ihren Einsatz. Der wirkliche Schockauslöser kam erst am nächsten Morgen, nach einer durchwachten Nacht. Es ging in die Dienstberatung, wo die Ereignisse des gestrigen Tages und der Nacht ausgewertet wurden: Fahrraddiebstähle, Ruhestörungen und Ähnliches. »»Ach‹, sagt der Dienststellenleiter dann noch, ›und Erika hatte ja ihre drei Toten. Das war's, danke Kollegen, einen erfolgreichen Tag‹«, gab Erika die Worte, die den Schock in ihr auslösten, wieder. Es hatte keine Nachfrage gegeben, kein Interesse, gar nichts. Erika hätte eine einzige Regung gereicht, zum Beispiel, wenn er gefragt hätte, was sie mit den Kindern gemacht hatten. Nicht einmal ein fachlicher Rat hätte es sein müssen, einfach nur der Hauch von Interesse. Irgendwie verlief ihr Tag dann mit der routinemäßigen Aufarbeitung des Unfalls, der Suche nach Angehörigen. Erst zu Hause brach die Kollegin zusammen, bekam körperliche Schmerzen und konnte nicht mehr aufhören zu weinen.

Ich hörte ihr wortlos zu und wusste, dass hier mehrere Tote in der Seele »wiederbelebt« worden waren und aufgebrochen war, was sich nun nicht mehr so einfach schließen ließ. Aber mich machte auch die Ignoranz des Leiters und der Kollegen ärgerlich. Bei allen Selbstschutzmechanismen, die Polizisten für sich erarbeiten, darf so etwas meiner Meinung nach nicht passieren. Da bin ich ganz hart und konsequent. Ich sprach beim Dienststellenleiter vor, sagte ihm recht unverblümt meine Meinung und forderte, dass alle Schutzpolizisten und Feuerwehrleute, die mit diesem Unfall zu tun hatten, sich noch einmal zusammensetzen sollten, um darüber zu reden. Das geschah schnell; und es war ein gutes Gespräch. Solche Gespräche sollte man bei der Polizei zur Regel werden lassen. Wenn keine Gespräche stattfinden, werden Schutzpanzer aufgebaut, die auf Dauer nicht helfen. Jeder sucht seinen eigenen Weg, um mit den negativen Erlebnissen fertig zu werden. Es geht bei der Polizeiarbeit immer um Unfall, Diebstahl, Mord, Selbstmord und vieles andere mehr. Für jeden betroffenen Bürger aber ist schon ein Diebstahl ein einschneidendes, besonderes Ereignis, und er beansprucht mit Recht Aufmerksamkeit und Mitgefühl. Umso mehr bedürfen die Polizeibeamten unserer Aufmerksamkeit und unseres Mitgefühls für ihre Arbeit.

Erika erkrankte kurz nach unserem Gespräch an Krebs, der Körper war einfach überfordert, meint sie heute. Zum Glück hat sie die Krankheit überwinden können. Schwindelgefühle überkommen die Polizistin bei großem Stress jedoch noch immer. Inzwischen hat sie aber mit dem fernöstlichen Energiesystem Reiki einen Ausgleich zum stressigen Alltag gefunden. Eines, erklärt sie mir, wird sie aber in diesem Leben nicht mehr lernen: eine gute Beifahrerin zu sein. »Ich sehe jede Gefahrensituation auf der Straße meilenweit voraus und muss den Fahrer unbedingt warnen.« Also fährt sie meistens lieber selbst.

Ein Weg zurück ins Leben

W ie schnell sich ein Leben von einer Sekunde zur anderen ändern kann, muss ich immer wieder erleben. Als Polizeipastor stand ich schon häufiger vor einem Haus, wusste, dass dort drinnen bisher noch ein intaktes Leben stattfand, man Pläne machte oder einfach nur den Alltag erlebte, seine schönen Stunden genoss. Dann komme ich und überbringe die schreckliche Botschaft eines Todes, der vor meinen Augen regelmäßig ganze Lebensentwürfe zusammenstürzen lässt. Meistens endet mein Kontakt zu den Hinterbliebenen dann nach wenigen Stunden, aber einmal entstand aus diesem ersten Zusammentreffen mit furchtbarem Anlass auch eine Freundschaft.

Hans-Jörg Meissners Frau Silke hatte sich mit den beiden Söhnen Daniel und Johannes an einem sonnigen Adventstag auf den Weg zu einem Ausflug nach Stralsund gemacht. Die drei besuchten zuerst Silkes Eltern und fuhren dann weiter zu einem Antiquitätenladen. Dort holten sie ein Bild ab, das Hans seiner Frau zu Weihnachten schenken wollte. Sorgfältig verstauten sie das gut verpackte Gemälde im Auto und fuhren anschließend noch zum Weihnachtsmarkt, genossen Riesenrad, Bratwurst und gebrannte Mandeln. Dann sollte es zurück nach Hause gehen. Auf der B96 herrschte reger Verkehr in beide Richtungen, Auto an Auto schlängelte sich dahin. An einer Stelle wurde die Straße etwas breiter, eine Einmündung kam in Sicht. Der Gegenverkehr ließ eine kleine Lücke; ein Ungeduldiger glaubte, jetzt böte sich die Chance zum Überholen. Doch der Mann verschätzte sich, er musste sich wieder einordnen, wollte er nicht mit dem Gegenverkehr kollidieren. Sein Wagen touchierte Silkes Fahrzeug. Ihr Corsa wurde auf die Gegenfahrbahn geschleudert, ein großer Geländewagen drückte das Auto zusammen. Keine Chance für die 38-Jährige und ihre beiden fünfzehn und elf Jahre alten Söhne, die drei waren sofort tot.

Abends wurde mir mitgeteilt, dass im Klinikum jemand zu betreuen sei. In knappen Worten erzählte mir der Arzt, was passiert war. Mir wäre lieber gewesen, die Polizei hätte mich gleich informiert, so dass ich noch zum Unfallort hätte fahren können, um eigene Bilder vom Unglück im Kopf zu haben. Denn die Situation und die Toten vor Augen zu haben, hilft bei Gesprächen mit den Angehörigen, die oftmals bis ins kleinste Detail wissen wollen, was geschehen ist; die erfahren möchten, ob die Verunglückten leiden mussten oder noch etwas gesagt haben. Der unmittelbare Eindruck vom Geschehen ist mir deshalb ganz wichtig, ich kann dann eine Beziehung zu den Verunglückten aufbauen. Wie schlimm die Situation auch ist, man erspürt irgendwie ein Stück Seele und einen Hauch vom Leben des Menschen, der vor Minuten verstorben ist. Das lässt auf so vieles schließen, und ich fühle mich sicherer – ein bisschen, als ob ich den Menschen gekannt hätte, wenn auch nur flüchtig.

Später verfrachte ich dann diese Bilder möglichst weit weg in eine ganz entlegene Gehirnregion. Verschütten oder auslöschen lassen sie sich nicht. Manchmal sind sie plötzlich wieder da, wenn ich an der Unfallstelle vorbeifahre, ein anderes Unglück passiert, oder einfach in einem Gespräch. Diese Bilder sind wie Dämonen, man kann sie nicht bändigen und trotzdem sind sie für meine unmittelbare Arbeit immens wichtig. Vom Unfall mit Silke und den beiden Jungen hatte ich keine Bilder im Kopf. Erst später habe ich mir bei der Polizei Fotos angesehen.

Im Krankenhaus stand mir dann Hans-Jörg Meissner gegenüber, wir kannten uns vom Sehen. Er war mir immer schon sympathisch gewesen, warum musste ausgerechnet ihm so etwas zustoßen? Doch für solche Gedanken war keine Zeit, ich musste handeln. Wir verließen das Krankenhaus. In meinem Auto erzählte er ohne Umschweife, dass seine Frau und seine beiden Söhne bei einem Verkehrsunfall verunglückt waren. Den zertrümmerten Wagen hatte er schon gesehen, die toten Körper seiner beiden Söhne und seiner Frau noch nicht. Natürlich stand er unter Schock, hatte aber dennoch nicht wegen seines eigenen Zustandes nach mir verlangt. Vielmehr wusste er nicht, wie er diese Nachricht seiner Mutter übermitteln sollte. Das eigene Leid war schon kaum zu ertragen, jetzt noch der Mutter davon zu berichten, überstieg seine Kraft. Bei dem Gedanken an seine Mutter wurde der Tod potenziert. Sie lebte allein, Hansi war das einzige Kind, sein Vater, ein Bauunternehmer, starb vor Jahren. Hansi und seine Familie waren für sie die Brücke ins Leben. Diese Furcht vor dem Satz »Sie sind tot« ist typisch. Man will ihn nicht sagen. Denn in dem Moment, in dem du diese furchtbare Wahrheit aussprichst, bekennst du dich zu ihr. Der Tod erfasst dich.

Die Mutter wohnte in einem Hochhaus. Er bat mich, zuerst allein rein zugehen. Selbst das war für ihn zu viel – beim Überbringen dieser Nachricht dabei zu sein. Ich betrat eine schöne Wohnung, liebevoll eingerichtet. Alles schien friedlich und freundlich, die nächsten Jahre konnten kommen. Die Mutter saß gemütlich mit einem Nachbarn bei einem Glas Wein zusammen. Ich musste diese Idylle zerstören: »Silke ist verunglückt, sie ist tot.« – »Und die Kinder?«, war die erste Reaktion. Ich spürte, dass die Kinder alles für sie bedeuteten, und musste ihr sagen, dass auch sie gestorben waren. Sie fing furchtbar an zu schreien, war dann still, schrie wieder, war still, schrie. Sie wollte es nicht wahrhaben. Beruhigen kann ich in solchen Augenblicken niemanden, kann nur da sein. Nach einigen Minuten rief ich ihren Sohn. Sie fielen sich in die Arme, ein Hauch von Frieden schwebte über der Szene. Denn Mutter und Sohn konnten sich aneinander festhalten.

Ich war froh, dass dieser gestandene Mann von 45 Jahren Hilfe für die Vermittlung der ungeheuerlichen Botschaft suchte. Denn der Überbringer der Botschaft wird oft mit ihr in Verbindung gesetzt: ›Wer mir sagt, dass jemand tot ist, den will ich nicht wiedersehen‹, lautet die häufige Konsequenz. Denn der Tod, so meine Erfahrung, ist eine massive Kränkung. Der Überbringer dieser Nachricht macht krank, verletzt ganz tief. Warum sagt der das, was man ohnehin nicht begreifen kann, der muss das doch nicht sagen? Und warum gerade jetzt, kann er nicht warten? Viele irrationale Gedanken durchströmen den Betroffenen, der sich so gegen die Verletzung seiner Intimsphäre wehrt. Empfängt man solch eine Nachricht, liegt die Seele bloß, sie ist nackt. Und der Todesnachrichtenüberbringer ist meist der Erste überhaupt im Leben, der die innersten Gefühle eines Menschen so ungeschützt erlebt. Angst, Wut, Scham und Schuld, alles mischt sich in diesen Momenten.

Ja, auch Schuld. Mit dem Tod verbindet sich immer Schuld. Nicht die Schuld an dem konkreten Ereignis, sondern am Leben im Allgemeinen: Ich bin der Überlebende, ich bin schuld. Alle Geschichten werden lebendig, die einfach noch nicht zu Ende erzählt waren im Leben. Was wir uns nicht gegeben haben, was wir uns nicht gesagt haben, was wir uns nicht geschenkt haben. Was wir bislang in unserem Lebensgeiz zurückgehalten haben, bringt der Tod plötzlich hervor. Und man fühlt sich schuldig gegenüber den Toten. Diese Schuld bleibt unwiderruflich beim Überlebenden, für immer.

Später fuhren Herr Meissner und ich in sein Haus, das erst vor wenigen Monaten fertig geworden war, ein so warmes, familiäres Heim, in dem die drei Verstorbenen und ihre Geschichte noch so spürbar waren, als seien sie nicht für immer fortgegangen. Er zeigte mir alles: die Kinderzimmer, in denen er nichts anfassen konnte, Fotoalben, Spielzeug, Musikinstrumente, die Bilder, die seine Frau gemalt hatte. Ich blieb bis spät abends, hörte mir alles an, ließ ihn weinen und tröstete, so gut es ging. Er versuchte mir zu zeigen, wer sie waren, denn es war dem Hinterbliebenen wichtig, jemandem zu erzählen, wie wunderbar sie alle gewesen waren. Zwar hatten Meissners einen großen Freundeskreis, aber in dem Moment eines solchen Verlustes ist ein Fremder das bessere Ventil für Trauer und Schmerz, denn in dieser Situation sind alle Bekannten und Verwandten mit betroffen. Was soll man sich da erzählen, wer kann da überhaupt etwas sagen, wer hat ein Recht dazu?

Irgendwann fuhr ich nach Hause, langsam, über die Landstraße durch den Wald. Ich war so voll mit Eindrücken und Leid und doch gleichzeitig leer, als hätten diese Stunden all meine Energie verbraucht. Ich fiel einfach todmüde ins Bett. Doch dieses Mal gelang es mir nicht, meinen üblichen Selbstschutzmechanismus der Verdrängung in Gang zu bringen. Eigentlich wäre meine Aufgabe als Polizeiseelsorger hier beendet gewesen. Aber mich hatte das Schicksal dieser Familie bereits gefangen genommen. Also fuhr ich in den nächsten Tagen immer wieder zu Hans-Jörg, der versuchte, die Dinge irgendwie in den Griff zu bekommen. Viele sprachen ihm sein Beileid aus, die Anteilnahme tat ihm gut. Meissners hatten immer viel Besuch bekommen, das änderte sich auch jetzt nicht. Vor allem die Freunde der Jungen kamen oft. Auch sie waren von dem Verlust Betroffene. Meine Idee, gemeinsam in der Schule zu trauern, stieß bei der Schulleitung und den Lehrern sofort auf offene Ohren. Johannes und Daniel waren beliebt, das spürte man sofort. Im Schulgebäude baute ich einen kleinen Tisch auf, mit Bildern der beiden, Blumen, Kerzen. In den folgenden Tagen war es stiller im Schulhaus als üblich. Mit den Klassen der beiden verstorbenen Jungs setzte ich mich zusammen, jedem, der dazu kommen mochte, stand die Tür offen. Wir redeten zunächst ganz sachlich und nüchtern über den Unfall. Dann wurde über die beiden gesprochen, Erinnerungen wurden ausgetauscht, manche weinten. Meine Rolle sah ich dabei eher als ein Stichwortgeber, redete nicht viel, denn die Kinder sollten über sich und ihre Gefühle sprechen. Manchmal schwiegen wir auch nur miteinander, auch das tat gut. Schließlich schlug ich den ehemaligen Schulfreunden vor, ihre Gedanken zu den beiden aufzuschreiben. Einige legten kleine Briefchen auf dem Tisch im Schulhaus ab.

Auch der Kontakt zu Hans Meissner riss nicht abrupt ab. Ich machte den Kindern Mut, ihn immer zu besuchen, wenn ihnen danach war. Sie taten es, und man spürte, wie der Vater so seinen Kindern noch eine Weile nah sein konnte. Die Kinderzimmer seiner Jungen rührte er lange nicht an. Irgendwann wusch seine Mutter die Bettwäsche der Söhne, was Hans-Jörg kaum ertragen konnte, denn für ihn war es, als ob so ein weiteres Stück der beiden ausgelöscht würde.

Ich versuchte dem 45-Jährigen in der ersten Zeit nach dem Unfall so gut es ging zur Seite zu stehen, und überlegte, wie ich ihm Gutes tun und Schweres abnehmen könnte. Leider kann das in einer solchen Situation nie viel mehr sein, als schlicht da zu sein, ansprechbar zu sein. Wie in Trance erleben Trauernde die erste Zeit nach einem so dramatischen Verlust. Manchmal können dann Rituale einen gewissen Halt geben, so dass einen das Leid nicht gänzlich fortreißt. Zu diesen Ritualen gehört in unserem Kulturkreis die Bestattung. Ich bot mich an, die Trauerfeier zu organisieren und die Trauerrede zu halten, schließlich gehört das zu meinen Aufgaben als Pastor. Doch diese Feier beanspruchte mich wie kaum eine andere zuvor und bislang danach.

Der Bestatter hatte in einem speziell für solche Situationen eingerichteten Raum die drei Verstorbenen in offenen Särgen aufgebahrt, damit die engsten Familienangehörigen sich von Silke, Daniel und Johannes verabschieden konnten. Silke in der Mitte, ein bisschen wie eine Königin, rechts und links von ihr David und Johannes. Das Gesicht des einen Jungen war zum Teil mit einem Tuch bedeckt, um seine äußeren Verletzungen nicht sichtbar werden zu lassen. Die drei Toten lagen in schneeweißen Särgen, die mit einzelnen dunkelroten Rosen umkränzt waren. Der Anblick war in all seiner Trauer dennoch so schön, dass es auch mir den Atem verschlug. Hans-Jörg konnte dieses Bild zunächst nicht ertragen, eine unsichtbare Kraft schien ihn zurückzudrängen Richtung Tür. Ich hielt ihn fest und führte ihn zu seiner Familie. Der Moment hatte etwas zutiefst Mystisches, die Energien von Lebenden und Toten vereinigten sich. Diesseits und Jenseits schienen sich noch einmal auf neutralem Boden zu begegnen. Ich versuchte, den Mann so gut es ging zu stützen und ihm Mut für diese letzte Begegnung zu schenken. Um mich selbst nicht in den Strudel der Emotionen reißen zu lassen, lobte ich innerlich die handwerkliche Arbeit des Bestatters. Eine wirklich großartige Inszenierung, die diesem Trauerfall in seiner Schwere entsprach.

Als ich die Trauerhalle betrat, war ich schier überwältigt. Die Menschen saßen nicht, sie standen dicht an dicht. In der tiefen Stille richteten sich alle Blicke auf mich, der ihnen in diesem Moment Halt geben sollte. Von dieser Stille ging eine große Kraft aus, ich fühlte mich mit allen verbunden. Es war ein Gefühl inniger Übereinstimmung. Doch durfte ich mich bei dieser Trauerfeier, obwohl ich schon in den wenigen Tagen, in denen ich den Fall begleitete, emotional mitbetroffen war, nicht von meinen Gefühlen einholen lassen. Wie kann man dieser Situation entsprechen? Es musste auch in diesem Fall gelingen, die Menschen inhaltlich wie sprachlich an die Hand zu nehmen, Emotionen auszudrücken, ohne selbst emotional zu werden. Die Menschen erwarten eine feste Stimme, Worte, die ihre Gefühle erfassen und doch trösten. Meine Predigt war lang, aber ich spürte, wie ich uns doch allen aus dem Herzen sprach. Und es gibt Worte, diese jahrhundertealten Worte aus der Bibel, auf die ich mich verlassen kann, sie sind wie eine Rüstung, die mich stark macht, um Stärke und Trost zu spenden.

Ich habe Hans-Jörg lange begleitet, wir sind Freunde geworden. Es war sehr schwer, denn er musste im Leben wieder einen Sinn entdecken, einen Grund für das Leben finden. Er fragte sich, ob es sich überhaupt noch lohne, weiterzuleben. »Warum sterbe ich nicht, warum mache ich nicht einfach Schluss? Ich lege mich in der Stille hin und wache in der Stille auf. Drehe die Heizung hoch und doch bleibt alles in mir kalt und tot.« Trotz der Leere im Innern hält das äußere Leben nicht inne, fordert dem Trauernden oftmals geradezu Übermenschliches ab. Hans-Jörg Meissner zum Beispiel muss um sein Haus kämpfen, um nicht auch noch diesen Ort des gemeinsamen Zusammenlebens zu verlieren. Auch sonst musste alles irgendwie geordnet werden. Ein Grabmal hat er seiner Familie errichtet, mit unverkennbar künstlerischer Handschrift. Er schaffte es weiterzuleben, organisierte gemeinsam mit einem Greifswalder Maler eine Ausstellung mit Silkes Bildern, ihrem Vermächtnis.

Auch heute, Jahre nach dem Unfall, wohnt Hans noch in dem schönen, individuellen Haus in der Greifswalder Altstadt. Der Labrador Wilson ist sein treuester Gefährte geworden, der nicht zulässt, dass er morgens einfach liegen bleibt. Spät ins Bett gehen und früh aufstehen ist das Mittel, das der Hinterbliebene gegen seine Träume gefunden hat. Denn die Träume sind das Schlimmste. Sie sind manchmal so real. Mit jedem Traum frisst sich der Schmerz immer tiefer in die Seele. Da ist es besser, die Zeit wach und möglichst kreativ zu verbringen. Hans-Jörg restauriert Möbel und Bilder, langsam, behutsam. Er trägt die dicken Staubschichten alter Gemälde ab und entdeckt manchmal überraschend Schönes unter der zunächst trüben Oberfläche. Neulich verwandelte sich bei der Reinigung eine stürmische Landschaft in einen hellen Sommertag. Ist das ein Zeichen? Früher machte der Witwer diese Arbeiten gemeinsam mit seiner Frau. Im Andenken an die so verbrachte Zeit hat er auch das Bild, das er Silke damals zu Weihnachten schenken wollte, aus dem zertrümmerten Auto gezogen und wieder restauriert.

Lange hat es gedauert, bis das Leben wieder in ihm flackerte und der Wunsch wich, seiner Familie in den Tod zu folgen. Dann begann das Leben wieder seine Bahn zu ziehen. Und auf dieser Bahn begegnete Hans-Jörg auch wieder eine neue Liebe. Es war eine schöne Zeit mit gemeinsamen Reisen und kurzen Ausflügen. Er lernte, auf der Gitarre seines Sohnes zu spielen. Zu Weihnachten wünschte sich seine neue Liebe ein Lied – und er konnte singen. Es war das erste Mal, dass Hans-Jörg gesungen hat, eigene Texte. Er nahm seine Lieder auch auf und irgendwann mischten sich in die Moll-Stimmungen auch einige fröhliche Akkorde und Zeilen. Seine Mutter schenkte ihrem Sohn eine eigene Gitarre, noch immer übt er viel. Die Liebe hielt indes nur zwei Jahre, tat aber dennoch gut.

In einem Zimmer hat Hans auf einem Schränkchen Bilder seiner Frau und der Kinder aufgestellt. Davor brennt eine Kerze, als Zeichen des ewigen Lichtes. Seine Mutter besucht ihn zum Essen, zum Erzählen, manchmal gehen sie auch gemeinsam zum Friedhof. Auch sie hat Träume, die sie nicht schlafen lassen. Sie liest viel und denkt sich mit den Geschichten ein wenig weg von ihrer Trauer. Ihr Sohn hat inzwischen begonnen, das Haus Stück für Stück umzuräumen, tauscht alte Schränke gegen neue Regale aus. Auch er liest viel, taucht so in andere Welten ein. Seine alten Freunde besuchen ihn zum Glück weiter regelmäßig, beleben das Haus. Über den Tod sprechen sie jedoch selten. Schließlich bedeutet ein Gespräch unter Freunden immer, dass jeder etwas einbringen und etwas mitbringen will. Das ist logisch und auch gut so. Um seine Trauer zu verarbeiten, geht Hans-Jörg Meissner deshalb lieber regelmäßig zum Psychologen. Der hört nur zu und ist ganz für ihn und seine Probleme da. Das tut gut.

Nicht jeder Hinterbliebene möchte jedoch über seinen Verlust sprechen. Etwa drei Jahre nach dem Unfall klingelte eine entfernte Freundin bei ihm und bat um Rat. Ihr Sohn war in Berlin tödlich verunglückt. Hans versuchte zu helfen, erzählte aber auch vom nie vergehenden Schmerz. Denn auch wenn man darüber spricht – den Schmerz kann man sich nicht von der Seele reden. Seine Bekannte versuchte es nicht einmal, sie wollte später nicht mehr auf den Verlust angesprochen werden, wollte keine Aufmerksamkeit.

Eines trifft den Witwer noch heute schmerzhaft: Der Unfallverursacher, der unter Kollegen schon immer als zügiger Fahrer galt, erhielt eine Bewährungsstrafe von eineinhalb Jahren. Wie viel Wert hat ein Menschenleben? Ein halbes Jahr?

Vogelgrippe auf Rügen

Im Jahr 2006 erlebte ich den wohl sonderbarsten Einsatz meines Lebens. Die Vogelgrippe war ausgebrochen, und es breitete sich Panik aus, ihrem Erreger könnten auch viele Menschen zum Opfer fallen. Die ersten Toten waren in Asien zu beklagen, nun machten sich die Zugvögel auf den Weg, um in ihre Sommerquartiere nach Europa zurückzukehren. Eine der ersten Stationen nach ihren strapazenreichen Flügen ist stets die Insel Rügen. Völlig ermattet treffen sie hier ein, einige verenden. Eine Prozedur, die sich vermutlich seit Jahrhunderten wiederholt. Niemand nahm bisher besondere Notiz davon. Doch in diesem Jahr war es anders. Unter den toten Vögeln waren auch einige infizierte Tiere gefunden worden; die Fotos und Fernsehaufnahmen von den erbarmungswürdigen Geschöpfen mit mattem, zerzaustem Gefieder und baumelnden Köpfen wirkten wie ein Aufschrei. Die Medien ließen sich nicht lumpen und überschlugen sich mit Horrormeldungen und wilden Mutmaßungen, die fast danach klangen, als werde nie wieder ein Mensch Rügen betreten können.

In der größten Feuerwache der Insel richtete sich ein Krisenstab ein. Technisches Hilfswerk, Bundeswehr, Polizei und Seuchenbehörde waren vor Ort. Ein Bedrohungsszenario ohne Gleichen wurde konstruiert, so als ob von Rügen aus ganz

Deutschland infiziert werden würde. Gleich den Vögeln am Himmel schienen wir in einen unermesslichen Schaden hineinzugleiten. Dramatik pur. Keine verendete Flugente, die nicht hundertfach von der Presse abgelichtet wurde. Ich will den Ernst der Situation nicht herunterspielen, doch es schien mir für manche auch eine günstige Gelegenheit zu sein, wieder mal über den Osten herzuziehen. Jede Entscheidung, die getroffen wurde, hätte natürlich auch anders getroffen werden können, ob das aber richtiger gewesen wäre? So eine Katastrophe hat ihre ganz eigene Dynamik. Eine Entscheidung von heute kann schon morgen falsch sein. Ich fand es ungerecht, so über die Politiker herzuziehen. Kein heutiger Kommunalpolitiker hat sich intensiv mit Katastrophenschutz auseinandergesetzt; es sind Wahlbürger, die von heute auf morgen mit solch einer Situation fertig werden müssen.

Als der Katastrophenfall ausgerufen wurde, begann man, ohne Mitleid mit den Tieren oder deren Besitzern in der Kernzone alles was Flügel hatte zu keulen. Mich rief man hinzu, weil die Tötung des Geflügels eine schwere Belastung für deren Halter ist und es auch für die Notschlachter kein Vergnügen darstellt, mit dem zappelnden Vieh und den zum Teil traurigen oder wütenden Besitzern umzugehen. Also machte ich mich auf den Weg zu Deutschlands vielleicht schönster Ferieninsel, es war März und noch kalt. Auch ich hatte die Situation unterschätzt und dachte, ich könne jederzeit wieder nach Hause fahren, um frische Sachen zu holen. Daraus wurde aber nichts. Mit einem der letzten Militärkonvois kam ich auf die Insel und nicht wieder herunter. Nach dem ersten Tag kaufte ich mir notwendige Toilettenartikel; später auch Handschuhe und Mütze, denn es wehte ein frischer Wind über die eigentlich so friedlich daliegende Insel. Diese wunderschönen, geschwungenen Alleen, Orte, die die Jahrhunderte scheinbar nicht berührt hatten. Hier leben in versteckten Winkeln vor allem ältere Leute mit ihren Hühnern, für die Tiere ein Teil ihres Lebens sind. Morgens geht man in den Stall und holt sich seine frischen Eier. Natürlich sind es Nutztiere, irgendwann werden sie geschlachtet, aber immerhin kann der Besitzer normalerweise selbst den Zeitpunkt bestimmen.

Und nun stand auf einmal das Seuchenkommando vor der Tür. Es war zwecklos, die Tiere zu verstecken, denn der Bestand war vorab penibel registriert worden. Männer in schneeweißen Anzügen, mit ihren Schutzbrillen und schweren Stiefeln ein wenig wie Weltraumpiloten aussehend, kamen auf die kleinen Höfe. Die Bewohner selbst liefen in Alltagssachen herum, ungeschützt, und bekamen einen Riesenschreck, dachten vielleicht, hier sei alles verstrahlt, sie würden jetzt krank werden. Von einem zum anderen Augenblick wurde der innere und äußere Friede gestört. Dann stapften die Männer wortlos in die Ställe, holten einfach so die wunderschönen Perlhühner, Hähne, Enten und Gänse heraus. Sie packten die sich wehrenden Tiere an den Füßen, ihre Körper vibrierten, was sich auf die Arme der Männer übertrug. Eben waren das noch Nutztiere, jetzt Abfall. Der Schmerz der Besitzer potenzierte sich, da die Tiere sofort und auf den eigenen Höfen getötet wurden. Ein großer schwarzer Müllbehälter, in den Gas eingeleitet wurde, stand dazu bereit. Der Deckel wurde geöffnet, die Tiere kamen hinein, der Deckel ging zu, man hörte ein kurzes Gackern, dann waren sie tot.

Die Männer vom Seuchenkommando waren nach einigen Stunden total ausgelaugt. Die Massentötung machte sie kaputt, sie mussten die Tiere in den Ställen jagen und das in ihrer Schutzkleidung. Und sie spürten, dass sie dem Federvieh und seinen Besitzern Leid zufügten – unter den öffentlichen

Augen der Medien. Meine Aufgabe war es, dieses Leid der Beteiligten ein bisschen aufzufangen. Das war nicht bei allen nötig, einige akzeptierten die Maßnahme anstandslos, andere reagierten trotzig, riefen »Macht doch, was ihr wollt! Ihr habt doch einen Knall!« und verschwanden in ihren Häusern. Aber es gab auch ältere Menschen unter den Betroffenen, denen ich das Ganze noch mal erklären musste. Dann setzte ich mich mit ihnen hin und tröstete sie zugegebenermaßen auf sehr simple Art, indem ich meinte, sie sollten sich ein neues Huhn kaufen, wenn das alles vorbei sei. Leider fiel mir auch nichts Besseres dazu ein. Vielleicht lenkten sie die Gespräche zumindest ein wenig ab. Viele fühlten sich durch die fremden Männer, die ihre Tiere holten, an die frühen 60er Jahre erinnert, als die Kollektivierung auch zwangsweise durchgesetzt wurde. Man holte damals die Kühe, die zu zweit oder zu dritt im Stall standen, einfach ab und führte sie in die unsäglichen Rinderoffenställe. Diese Rinderoffenställe, eine kurzsichtige Erfindung der sowjetischen Landwirtschaft, brachten nicht einmal wirtschaftlichen Nutzen, sondern eher Schaden. Die zwangskollektivierten Kühe verkümmerten oft sofort. Dieses Trauma war plötzlich wieder da.

Nach drei Tagen auf der Insel kamen dann auch für mich Gummistiefel, Atemmasken und Brillen. Ich nahm sie mit, da man ja nicht wissen konnte, ob die Vogelgrippe auch mal nach Groß Kiesow kommt. Auf Rügen zog ich die Schutzkleidung nicht an, da ich sonst gedacht hätte, weniger wie ein Pfarrer und mehr wie ein Geisterjäger oder Weltraumpilot zu wirken. An eine Situation kann ich mich noch besonders gut erinnern: Ich kam ein wenig eher als das Seuchenkommando auf einen großen Hof, bog um die Ecke und sah die Bäuerin, wie sie im Akkord ihren Hühnern den Kopf abschlug. Sie bekam einen Schreck. Ich sagte: »Machen Sie weiter, alles was tot ist, können Sie behalten.« Irgendwie hätte ich ihr sogar auch gern geholfen. Denn viele dort oben haben damals so gehandelt, ich glaube, in die Kühltruhen auf Rügen hätte zu dieser Zeit keine noch so flache Fertigpizza mehr hineingepasst.

Abends saßen wir im Hotel zusammen und werteten den Tag aus. Alle waren von dem Erlebten betroffen, erschöpft und müde. Bewundert habe ich die beiden gestandenen Tierärztinnen aus Rostock, die so professionell und doch nicht abgebrüht die Arbeit organisierten, so dass es schnell ging und die Stimmung nicht ganz in den Keller sackte. Es war eine logistische Herausforderung, die perfekt erfüllt wurde. Als dann alle Tiere tot waren, war die Katastrophe beendet. Ob es tatsächlich etwas genützt hat, vermag wohl niemand zu sagen. Doch nehmen wir's mal so – der Osten, insbesondere Rügen, hat den Rest Deutschlands vor der Vogelgrippe gerettet und ich als Polizeipastor konnte meinen kleinen Beitrag dazu leisten.

Hier beim Kampf gegen die Vogelgrippe auf Rügen zeigte sich wieder einmal, dass ich als Polizeipastor keinen wirklichen Alltag habe, sondern jeder Tag Überraschungen bringen kann. Einmal kam ich sogar in die Situation, selbst ein bisschen Polizist zu spielen und weniger Pastor zu sein: Ich überführte einen Kleinganoven! So hatte mich eines Tages meine Frau angerufen und gesagt, ich solle sofort nach Hause kommen, sie habe sehr merkwürdigen Besuch. Ich machte mich gleich auf den Weg und überlegte, ob die Drücker zu ihr gekommen waren. Denn am Nachmittag hatte ein junges Pärchen versucht, mir Zeitschriften-Abos aufzuschwatzen. Man schickt solche Leute eigentlich gleich weg, aber mir waren noch nie Drücker begegnet – und so war ich auch ein bisschen neugierig. Sie machten das geschickt und behaupteten, dass ich nicht nur wunderbare Zeitschriften würde lesen können, sondern damit auch noch Gutes täte, indem ich »freigelassenen Straftätern helfen würde, wieder in der Gesellschaft Fuß zu fassen«. Das klang gut, ihre Zeitschriften wollte ich dennoch nicht abonnieren und schickte sie also, nachdem sie ihr Repertoire abgespult hatten, unverrichteter Dinge wieder weg. Sollte nun so ein Typ zurückgekommen sein, wohl wissend, dass ich aus dem Haus bin? Aber es konnte natürlich auch jemand anders sein. Ich beschloss also, die Polizeijacke anzuziehen, die immer in meinem Auto hängt, weil ich ja nie weiß, wann mich ein Notfall erreicht. Der Eindringling sollte sofort wissen, mit wem er es da zu tun hatte.

Als ich zu Hause ankam, saß Brigitte mit dem jungen Mann an unserem Esszimmertisch. Meine Frau war offensichtlich bereits ganz anderer Stimmung als bei unserem Telefonat und meinte, ich brauche doch die Polizeijacke nicht anzuziehen, das sei lächerlich. Ich kam mir auch ein wenig amtsanmaßend vor. Meine Frau hatte sich inzwischen mit dem Drücker solidarisiert, seine Leidens- und Elendsgeschichte rührte sie fast zu Tränen. Er erzählte sie auch mir gerne noch einmal: Die Drückerkolonne wohne in einem Landgasthof, täglich schwärmten sie aus, um so viele Abonnenten wie möglich zu werben. Erfüllten sie die Norm nicht, dann setzte es Schläge. Eigentlich wollte er dort von Anfang an nicht mitmachen. Aber er kam aus dem Gefängnis und fand keine Arbeit. Was sollte er tun? In der Drückerkolonne gab es wenigstens Essen und Unterkunft. Aber es sei in Wahrheit Sklaverei, und so schlimme Verhältnisse habe er nicht erwartet. Er hielte es nicht mehr aus und wollte zurück in seine Heimat nach Bayern.

Tatsächlich kommt ein Mensch aus so einer Kolonne erst heraus, wenn wirklich das Letzte an Energie aus ihm rausgepresst ist. Er behauptete, zwar noch bei Kräften zu sein, aber dennoch aussteigen zu wollen. Aber wenn er jetzt in den Landgasthof zurückgehe, würden sie ihn umbringen. Seine Geschichte war rührend, bis sie zu einem Knackpunkt kam: Er brauche für sich und seine Freundin 240 DM, um mit dem Zug nach Bayern zu kommen. Außerdem bat er mich, seine Sachen und die Ausweise, die den jungen Leuten bei Eintritt in die Kolonne abgenommen worden waren, zu holen und sie ihm später nach Hause nachzuschicken. Mein Uniformauftritt erwies sich nach Brigittes Spott zum zweiten Mal als Bumerang.

Brigitte suchte schon Geld, fragte, ob ich nicht noch Bares hätte oder eventuell sogar die Kirchenkasse spendenbereit wäre. Mit Blicken und Gesten versuchte ich meiner Frau zu bedeuten, dass hier gewiss etwas faul wäre. Aber sie war von ihrem Wunsch, etwas Gutes zu tun, partout nicht abzubringen. Wir unterhielten uns also noch lange, damit sich die Situation entspannte. Schließlich machte ich ihm den Vorschlag, ihn nach Greifswald auf das Revier zu bringen. Die Kollegen dort würden dann seine Sachen aus dem Landgasthof holen, es würde auch ein Weg gefunden werden, Geld aufzutreiben, und beim sozialen Dienst fände sich gewiss eine Möglichkeit der Übernachtung. Denn ich wollte ihn auf keinen Fall in unserem Haus schlafen lassen, obschon man als Pfarrer Vertrauen wagen müsste – mir klang seine Geschichte aber einfach ein bisschen zu schräg.

Der junge Mann ließ sich auf meinen Vorschlag ein und kam mit nach Greifswald. Es war kurz vor 20 Uhr, die Kollegen wollten Feierabend machen und stöhnten leicht, dass ich nun noch mit einem Fall ankam. Natürlich hörten sie sich die Geschichte geduldig an, die sich immerhin seit der ersten Version in meinem Haus nicht verändert hatte. Wir versuchten den sozialen Dienst zu erreichen, Kollegen machten sich bereit, um die Sachen des jungen Mannes zu holen. Doch da die Routine wieder eingesetzt hatte, liefen auch die Computer wieder, und ein Kollege fragte den jungen Mann nochmals nach seinem Namen. Der nannte ihn ohne Zögern. Der Kollege pfiff fast genüsslich durch die Zähne. Unser Drücker mit den herzzerreißenden Geschichten stand auf der Fahndungsliste. Also war die Sache mit der Unterkunft für diese Nacht in jedem Fall geklärt.

Ich habe mich noch lange gefragt, warum der junge Mann seinen richtigen Namen genannt hat, alle hatten seine Story im Prinzip schon geschluckt. Warum hat er sich überhaupt von mir in die Polizeidienststelle bringen lassen? Vielleicht trieb er sich schon lange herum und ihn verließ die Kraft, oder er hatte einfach den richtigen Zeitpunkt zum Zurückrudern verpasst. Manchmal, wenn ich meine Polizeijacke im Auto hängen sehe, muss ich an diese Episode denken und herzlich darüber schmunzeln.

Unterwegs zwischen Krankenhaus
und Castortransport

Als ich 1997 Polizeipastor wurde, waren meine ältesten
drei Kinder schon aus dem Haus, nur Wolfram, unser
Jüngster, wohnte noch in Groß Kiesow. Mit ihm habe ich
mehrfach über meine Arbeit gesprochen, denn manchmal
gab es Situationen, wo ich ihm gegebene Versprechen brechen musste. Ich konnte zum Beispiel eigentlich geplante
Ausflüge nicht unternehmen. Ich denke, ihm war aber immer
bewusst, dass ich ihn liebe und er nicht hinter anderen zu-
rückstehen musste, sondern manchmal eben ein Sonnenbad
weniger wichtig war als ein mit dem Tode kämpfender Mensch.
Zum Glück sind diese Notfälle aber nicht an der Tagesord-
nung, und ich sehe mich selbst auch nicht als jemand, der
immer auf dem Sprung ist, sondern der durchaus Zeit findet,
den mir nächsten Menschen meine Zuneigung zu zeigen.

Mein Beruf des Polizeipastors ist mir dennoch sehr wichtig,
nicht nur aus menschlicher Perspektive. Zu DDR-Zeiten
durfte man als Polizist nicht in der Kirche sein, entschied
man sich für diesen Beruf, musste man austreten. Ich trenne
immer zwischen Religion und Konfession. Gegen Religion
kann ein Staat schlecht angehen, gegen die christliche Konfession hat er es in Ostdeutschland mit großem Erfolg über
40 Jahre lang getan. Das Transzendente ist den Menschen
hier deshalb noch immer zu eigen, sie haben aber keine Bilder

mehr dafür, weil die in der DDR nicht gepflegt, sondern sogar zerstört wurden. Diesen Werteverlust heute abzufedern fällt der Kirche sehr schwer. Wenige Mitglieder müssen eine große Last tragen, man denke nur allein an den Erhalt des historischen Erbes wie die vielen alten Dorfkirchen, bei denen sich jetzt immer öfter die Frage stellt: Renovieren wir sie, oder werden sie verkauft? Anders als im Westen sind bei uns gesellschaftliche Eliten wie Bürgermeister, Ärzte oder Lehrer selten Mitglied der Kirche, ihnen ist deren Schicksal manchmal relativ gleichgültig.

Häufig bemerke ich auch eine sehr eigentümliche Privatisierung von Religion. Mir wird gesagt: »Wir glauben zwar an Gott, aber eine Kirche brauchen wir dafür nicht!« Jeder schustert sich so seinen eigenen, persönlichen Glauben irgendwie aus ein paar Häppchen Christentum, Buddhismus und eigener Philosophie zurecht. Der allgemeine Charakter und die gesellschaftlichen Strukturen, die man braucht, um Werte zu vermitteln, gehen so verloren. Durch die Individualisierung von Religion, die heute vielfach zur »Meinungssache« degradiert wird, geht so meines Erachtens ein großer Raum verloren, die eigene Kritikfähigkeit leidet. Heute meinen viele zu wissen, was gut und was schlecht ist, in der Bibel steht aber, »es sei dir gesagt, was gut ist«. Und ich denke auch, dass ein Mensch sein eigenes Handeln oftmals nicht wirklich kritisch beurteilen kann und eine äußere, verbindende Instanz dabei hilfreich ist.

Mich selbst beschäftigt die Trinität des Glaubens sehr, »Glaube, Hoffnung, Liebe« sind die drei Grundmerkmale der christlichen Religion. Christen glauben an Gott als den Vater, sehen in Jesus, Gottes Sohn, ihre Hoffnung, und leben verbunden im Heiligen Geist, der der Geist der Liebe ist. So gesehen steht »Glaube« für das väterliche und mütterliche Wesen; Träger der »Hoffnung« sind Kinder; »Liebe« schließlich ist der

Geist, der alles und alle zusammenhält. Es gibt viele Eltern, die ihren Kindern sagen, sie sollten an nichts glauben, nur an sich selbst. Für mich ist das eine verheerende Aussage. Haben sich diese Menschen nicht von der Verantwortung losgesagt, ihren Kindern einen Glauben mitzugeben, der mehr meint als nur unser Selbst? Denn schließlich suchen Kinder doch bei ihren Eltern nach Glaubhaftem, nach Halt und Orientierung. Kinder sind unsere Hoffnung, mit ihnen blicken wir in die Zukunft – mit welcher Hoffnung aber sollen Kinder leben ohne Glauben? Und welcher Geist hält uns dann noch zusammen? Viele Beamte erklären, sie glaubten nur an das, was im Portmonee steckt; darauf sei Verlass, auf sonst nichts. Ich finde es sehr schade, dass sich heute, wo es die Möglichkeit gibt, nur wenige Polizisten mit der Kirche und dem Christentum auseinandersetzen.

Timo Tolksdorf, ein Kriminaltechniker aus Stralsund, ist da eine Ausnahme. Vor gut zehn Jahren, mit Anfang 20, hat er sich christlich taufen lassen. Damals lernten wir uns bei meinen Ethik-Seminaren am Bildungsinstitut der Polizei in Güstrow kennen. Später intensivierten sich diese dienstlichen Kontakte, da wir beide in einer Spezialeinheit arbeiteten, die in besonderen Situationen wie Geiselnahmen und Suizid-Gefahr zum Einsatz kommt. Die entsprechenden Schulungen absolvierten wir gemeinsam; es ist gut, auch als Polizeiseelsorger eine fundierte Ausbildung für solch spezielle Situationen zu haben, nur die Intuition allein reicht oft nicht. Auch zuvor hatte ich schon viel darüber gelesen, wie man Menschen, die sich das Leben nehmen wollen, eventuell davon abhalten kann, doch ein gemeinsames Training mit Kollegen bringt mehr. Manchmal frage ich mich, ob ich nicht auch ein guter Polizist geworden wäre? Es ist in meinen Augen jedenfalls ein spannender Beruf, der Freude macht!

Einmal war ich mit Timo und anderen Kollegen beim Elbe-Hochwasser unterwegs. Wir sollten den vom Fluss Bedrohten klarmachen, dass sie nun ihre Häuser für eine Weile verlassen müssten. Ich dachte anfangs, es könnte schwierig werden, Menschen davon zu überzeugen, ihr Hab und Gut stehen und liegen zu lassen – ohne zu wissen, wie sie es wiederfinden. Aber die Gespräche, die wir mit einem etwas bangen Gefühl begannen, liefen wunderbar, niemand musste zwangsevakuiert werden. Im Gegenteil wurden wir mit Suppe und Kaffee bewirtet, die Bewohner waren unglaublich nett zu uns und wollten der Polizei bei ihrer Arbeit etwas Gutes tun. Eine schöne, warmherzige Erfahrung.

Mit Timo unterwegs zu sein macht Freude, er ist ein ruhiger, freundlicher Kollege, der meine Arbeit schätzt und weiß, dass sie wichtig ist. Einmal erlaubte er mir auch, an der Sektion eines Toten teilzunehmen. Das gehört eigentlich nicht zu meinen Aufgaben, interessierte mich aber dennoch, da ich alle Teile der Polizeiarbeit kennenlernen wollte, um zu wissen, was Kollegen alles im Hinterkopf haben, wenn sie zu Einsätzen fahren. Der Tote, den ich so zu Gesicht bekam, war mit einem Samurai-Schwert umgebracht worden. Mir war an diesem Tag schon komisch im Magen, als die Kollegen ihre Arbeit an der Leiche begannen. Die Schnitte, die nüchternen Beschreibungen der Arbeitsgänge und vor allem der Geruch, der dem toten Körper entströmt, sind nichts für empfindsame Seelen. Ich werde die Geräusche nicht vergessen, die entstanden, als die Säge an den Kopf des Toten angesetzt und die inneren Organe auf den Tisch gelegt wurden. Dieser Mensch hatte vor wenigen Tagen noch gegessen, gelacht und war vielleicht umarmt worden, jetzt lag er dort aufgeschnitten vor uns. Mich hat dieser Anblick doch erschüttert, ich kann ihn bis heute nicht vergessen. Mir machte dieses Erlebnis bewusst, dass unser Körper nicht mehr als eine Hülle ist, wir aber geistige Wesen sind.

Eines Nachmittags rief mich Timo aus einem privaten Grund an. Sein Vater lag in einem Krankenhaus auf Rügen im Sterben, ich sollte Gebete und Segnungen sprechen. Dort angekommen, erwartete mich ein moderner, heller Bau mit einer riesigen Eingangshalle, die auf bedrückende Art und Weise zu signalisieren schien, der Mensch müsse Demut haben vor der Macht der Medizin. Im Krankenzimmer der Intensivstation waren Timo und seine Familie beim Vater versammelt. Timos Vater gehörte der Generation an, die die DDR aufgebaut hat, damals in den späten 40er und den 50er Jahren. Er war in der Landwirtschaft tätig und wurde trotz christlicher Wurzeln Mitglied der SED. Er war ein ebenso leidenschaftlicher wie kritischer Genosse. Als die Wende kam, musste er miterleben, wie seine Lebensarbeit, sein Lebensentwurf sich einfach auflösten, denn eine andere Idee vom Leben hatte sich durchgesetzt. Timos Vater zerbrach wie viele DDR-Bürger an diesem Umbruch, er begann zu trinken. Seine Familie konnte ihm nicht helfen; nun jedoch wollte Timo, dass der Vater zumindest nicht ohne Vergebung der Sünden von dieser Welt ging. Deshalb holte er mich, den Pastor.

Wenn ich bete und Segen spende, bin ich vollkommen mit den Worten eins und konzentriere mich auf die Person, der sie zugedacht sind. Ich bin von allem gelöst, wie in einem umhüllten Raum, nichts dringt nach außen, nichts dringt ein. Die Geräte zeigten die letzten Lebenszeichen. Inzwischen weiß man, dass Koma-Patienten, auch wenn sie sich selbst nicht mehr direkt äußern können, ihre Umwelt wahrnehmen, möglicherweise sogar auf sie reagieren. Ich sprach den Psalm 23 »Der Herr ist unser Hirte«. Dann segnete ich Timos Vater.

Als ich das »Vaterunser« sprach und ihm das Kreuz auf die Stirn strich, schlugen die Geräte, wie unter Vollstrom, plötzlich aus. Dieses heftige Zeichen erschreckte uns, machte uns aber zugleich auch glücklich. Wir waren überzeugt, dass Timos Vater die Segnungen erreicht hatten, dass er seinen Frieden mit allem und allen gemacht hatte. Welch ein Glücksmoment! Ich verließ das Krankenhaus, während die Familie noch zum Abschiednehmen blieb. Zwei Stunden später schlief Timos Vater friedlich ein.

Es sind solche Momente wie die im Krankenhaus, in denen ich weiß, ganz am richtigen Platz zu sein. Denn manchmal werde ich gefragt, warum ich Pastor geworden bin, mich für diesen Beruf entschieden habe. Ich denke, die Antwort auf diese Frage wird erst ganz am Ende meines beruflichen Wirkens stehen, nicht am Anfang der Entscheidung. Es ist nicht so, dass ich niemals zweifeln würde, an mir, diesem Beruf oder dem Glauben an sich. Aber ich denke auch, wer nie gezweifelt hat, hat auch nie geglaubt. Und es gibt immer wieder diese Augenblicke, in denen ich einfach überzeugt bin, das Richtige zu tun, zum rechten Augenblick am richtigen Ort zu sein; oder Momente, an denen mir Menschen danken und sagen, ich sei einmal in einer entscheidenden Situation wichtig für sie gewesen. Diesen Sinn im Leben kann man nicht selbst stiften, der wird einem geschenkt.

Im Alltag sind Pastoren oft sehr allein. Immer wird von ihnen erwartet, dass sie einen Impuls setzen, Energien bereitstellen. Dass ein Pfarrer auch einmal Unterstützung brauchen könnte, gerät oft aus dem Blick. Viele Menschen verstehen das auch gar nicht und denken, man habe seinen Glauben, das müsse als Hilfe reichen. Aber die Wirkung des Glaubens enttäuscht uns Pastoren eben manchmal. Schließlich ist das Wort

Jesu doch ein wirkliches Feuerwerk – und dennoch kommt die Gemeinde zur Predigt herein, hört zu und geht unverändert wieder hinaus. Als Pastor fühlt man sich dann erfolglos und auch oft außenstehend. Zu Beginn meiner Amtszeit habe ich zum Beispiel alle zwei Wochen in einem Nachbarort am Sonntag um 13.30 Uhr einen Gottesdienst abgehalten. In die kleine Kapelle kamen immer dieselben, manchmal ein, manchmal zwei, manchmal drei Menschen. Und ich habe das durchgezogen, das volle Programm, eine Stunde lang. Da lernt man Demut!

Dass man sich dem Pastor automatisch öffnet, ihm von seinen Sorgen und Nöten erzählt, weil er ein gütiger Mann Gottes und eine unumstrittene Autorität ist, war vielleicht vor 100 Jahren der Fall. Heute muss ein Pfarrer als Mensch überzeugen und hat das Wort Gottes lediglich noch als Rüstzeug für seinen Weg. Wenn Kollegen jahrelang von den Kanzeln agieren, sich aber nicht unter die Leute mischen, lernen sie deren ganz normale Alltagssorgen und -probleme nicht kennen. Meiner Erfahrung nach entwickelt sich aber überall dort, wo Angebote neben dem sonntäglichen Gottesdienst gemacht werden, ein reges Gemeindeleben. Es wird einem dann Vertrauen entgegengebracht, auch jenseits der für die Kirche relevanten Fälle. Ich habe schon mit den unterschiedlichsten Aktionen versucht, den Menschen in meiner Gemeinde die Kirche näherzubringen, sie zu öffnen. Und oft kommt es so auch zu schönen, gemeinschaftlichen Erlebnissen, zum Beispiel als wir im Gemeinderaum von Groß Kiesow die Fußball-WM und das Handball-WM-Endspiel auf einer Großbildleinwand übertragen haben. Oder als wir am Reformationstag gemeinsam ein Tor gezimmert haben, an das anschließend jeder seine Wünsche pinnen konnte. Kirche muss sich meiner Ansicht nach öffnen; gerade Menschen gegenüber, denen die Kirche egal ist, erscheint es mir wichtig, sich einfach als Gesprächspartner anzubieten und bei wichtigen Ereignissen mitten unter ihnen zu sein.

Deshalb begleite ich die Polizisten auch oft zu Demonstrationen. Wenn ich Polizisten wirklich verstehen will, dann muss ich auch zu solchen Einsätzen mitfahren. Etliche der Beamten zweifeln selbst manchmal an ihrem Beruf. Gerade die Bereitschaftspolizei muss bei uns fast jedes Wochenende raus und zu irgendwelchen Demonstrationen fahren. Oftmals müssen sie dort gegen ihre politischen Anschauungen handeln und zum Beispiel rechte Gruppen schützen, denen nun mal auch das Demonstrationsrecht zusteht. Immer aber gehen diese Einsätze auch gegen ihr Privatleben – die Polizisten sind am Wochenende für ihre Familien nicht greifbar, stattdessen müssen sie ihre Überstunden irgendwann an Vormittagen mitten in der Woche abbummeln, an denen die Familienmitglieder ohnehin nicht zu Hause sind. Ich glaube, Polizisten haben auch deshalb familiäre Probleme – oftmals scheitern Beziehungen schon an diesen schlichten Rahmenbedingungen der nicht gemeinsam verbrachten Zeit.

Eines Tages machten wir uns mit drei Hundertschaften aus Rostock, Anklam und Schwerin auf den Weg nach Gorleben zum fast schon traditionellen Spiel Castorgegner gegen Polizei. Als Schiedsrichter waren die Medien angetreten, allerdings schien mir, dass sie meistens nicht gerade unparteiisch sind. Ich wusste, dass auch auf mich als Mann der Kirche auf Seiten der Staatsmacht wieder üble Beschimpfungen warten, die mir an die Nieren gehen. Oft habe ich von Demonstranten schon Sprüche gehört wie: »Willst du die Bullen jetzt noch schön aufbauen, damit sie besser den Knüppel ziehen können, oder was?« Natürlich ist mein Ziel ein anderes. In Gorleben angekommen, ging ich während der stundenlangen Wartezeiten von Wagen zu Wagen, sah, was die Kollegen lesen, hörte, welche Musik sie mögen, erfuhr ein bisschen von dem, was sie denken. Und ich machte mich bekannt, schaffte Vertrauen.

Unser Quartier lag in einer stillgelegten Bundeswehrkaserne, an einem Kanal, mitten im Wald und 50 Kilometer weit ab vom Geschehen. Die Kaserne fühlte sich tot an, es roch muffig, die Türen knallten laut. Vor dem Gebäude standen die Wasserwerfer und die schwere Räumtechnik; die Kantine wirkte wie eine riesige Turnhalle. Eine angenehme Atmosphäre konnte sich hier auch in hundert Jahren nicht aufbauen. Ich fragte mich wie viele andere, was wir hier nur zu suchen haben. Zwei Tage lang passierte absolut nichts. Langeweile staute sich zu Frust auf. Zwischendurch kam die Meldung, dass es Castorgegnern gelungen war, die Bahngleise zu besetzen und somit die Bahnverbindung nach Dannenberg zu blockieren. Ich glaube einerseits, dass Protest gut und richtig ist, schließlich dürfen wir künftige Generationen nicht gefährden. Andererseits meine ich, solange niemand eine bessere Lösungsidee hat, muss die praktikable auch in die Tat umgesetzt werden.

Ich begleitete die Beamten raus an die Bahngleise, die in einer kleinen Schlucht liegen. Etwa 200 Menschen saßen auf den Schienen. Die Polizisten rückten vor und forderten sie auf, die Gleise zu verlassen. Ein Polizeikollege, den ich aus Berlin kenne, stand etwas abseits. Er war in Zivil und vertrat als Demonstrant seine private Meinung. Schon lange ist er Gegner der Castortransporte, wie einige der jungen Männer in Uniform auch. Als die Demonstranten auf den Bahngleisen sahen, dass auf meiner Uniform gut sichtbar »Polizeiseelsorger« steht und auf den Schulterstücken Kreuze als Zeichen der Kirche prangen, wandelte sich für kurze Zeit ihr Feindbild: Ich war

Zielscheibe für wahre Schimpfkanonaden. »Was soll ein Mann Gottes auf Seiten des Staates? Jesus würde sich im Grabe umdrehen, wenn er das wüsste! Du beschmutzt das Evangelium!« Ich antwortete nichts. Ja, was soll ein Pfarrer auf Seiten des Staates? Der Staat ist doch kein Monstrum, sondern wird von Menschen vertreten, die in schwierigen Situationen Beistand benötigen. Sie werden verbal und manchmal auch körperlich angegriffen – mit welchem Recht? Weil sie für das Recht und die Demokratie einstehen? Ich jedenfalls zolle den Kollegen in Uniform Respekt für ihre harten und zermürbenden Einsätze.

Auf den Schienen begann das Katz-und-Maus-Spiel. Jeder der Beteiligten wusste, dass diese Situation vermutlich eskalieren würde. Nur wie und wann dieser Punkt kommen würde, war noch unklar. Die Demonstranten wurden erneut aufgefordert, die Schienen zu verlassen; sie blieben sitzen. Die Kollegen begannen mit dem Aufheben der Castorgegner von den Schienen. Sofort waren die Fernsehteams da. Einige Demonstranten ließen sich widerstandslos wegtragen; diese Form des Protests finde ich völlig in Ordnung. Andere hingegen schrien »Keine Gewalt, keine Gewalt!«, krallten sich an den Schienen fest, strampelten und traten. Ich fragte mich, ob das etwa keine Gewalt ist? Während sie »Keine Gewalt!« riefen, provozierten sie diese doch geradezu. Die Polizei musste jetzt härter zur Sache gehen. Die Kameraleute kamen jetzt noch dichter, drängten sich in die Situation und bekamen genau die Bilder, die gebraucht werden: brüllende Castorgegner, die von Polizisten abgeführt werden.

Viele der Demonstranten wurden zu einer Sammelstelle gebracht und erkennungsdienstlich behandelt. Ich begab mich ebenfalls dorthin. Kurz vor dem Ortsschild Gorleben sprach mich ein älterer Herr voller Erregung an. Was ich denn hier tue, ich als Christ und Pfarrer. Das verstoße hier doch alles gegen das Gebot der Nächstenliebe. Sein Vater, erzählte er, sei auch Pfarrer in Ostdeutschland gewesen, aber so etwas hätte der nie getan. Der Mann redete sich immer mehr in Rage. Warum ich als Christ hier nicht den Dienst verweigere? Schließlich verglich er mich mit einem KZ-Aufseher, die hätten zu ihrer Entschuldigung auch gesagt, dass sie nur ihre Pflicht tun. Zwei-, dreimal versuchte ich, mit ihm zu diskutieren, aber er hörte mir nicht zu und wollte mich einfach nur zum Schweigen bringen, seine moralische Überlegenheit demonstrieren. Ich ging weg, fühlte mich aber ungemein mies.

Bei der Sammelstelle angekommen, hoffte ich, vielleicht noch irgendetwas Vernünftiges tun zu können und nicht nur als verbaler Prügelknabe herzuhalten. Die in Gewahrsam genommenen Castorgegner waren von den Polizisten in einem Kessel eingeschlossen worden. Ich ging in den Kreis und dachte, vielleicht lasse sich im Gespräch Verständnis auch für den vermeintlichen Gegner erwirken. Aber schnell ging es nicht mehr ums Diskutieren, sondern um profane Anliegen: Eine junge Frau musste auf die Toiletten. »Gut«, sagte ich ihr, »wenn ich Sie begleiten darf, ist das kein Problem.« Sie willigte ein. Plötzlich musste noch eine zweite, eine dritte und so weiter. Ich merkte, die Aktion wird im wahrsten Sinne des Wortes in die Hose gehen. Die Polizisten standen seit Stunden hier, ohne sich vom Fleck bewegen zu dürfen – und ich wollte Castorgegner zum Pinkeln führen und dann wieder in den Kreis hinein. Einer der Polizisten zischte mich durch die Zähne an: »Warum stehen wir dann eigentlich hier? Was soll das?« Schlagartig wurde mir bewusst, wie sehr ich zwischen den Fronten stand, und fragte mich, für wen ich eigentlich da sein wollte? Meine Aufgabe ist es, den Polizisten zur Seite zu stehen, aber ich wollte auch für die anderen etwas tun. Jetzt hatte ich mich so zwischen die Linien manövriert, dass ich mich entscheiden musste. Ich bat den Polizeiführer um Pinkelerlaubnis für die Eingekesselten. Der verwies nur auf das Argument seines Kollegen. Einer der Gefangenen hörte zu und schrie: »Der Polizeiführer hat befohlen, dass wir nicht pinkeln dürfen.« Ich fühlte mich als Mann zwischen allen Fronten, der nichts bewirken kann, aber sich überall schnell unbeliebt macht. Und es kam noch schlimmer: Die Eingekesselten holten eine große Plane hervor, breiteten sie auf dem leicht abschüssigen Gelände aus und pinkelten, Männlein wie Weiblein, prasselnd darauf, so dass der Urin durch die Beine der Polizisten rann. Voller Scham machte ich mich von dannen. Es ist nicht einfach zu vermitteln.

Doch der Einsatz war noch nicht zu Ende. An der Straße, die als Demarkationslinie gilt, bis zu der Demonstrationen erlaubt sind, hatten die Castorgegner ein Camp aufgeschlagen. Einige Male war ich dort auch schon mit Beamten und hatte mir als Zeichen der friedlichen Absicht die Symbole der vermeintlichen Gegner angesteckt. Wir redeten mit den Leuten, was in entspannten Situationen auch ganz gut funktioniert. Nur im Einsatz werden dann wieder die Feindbilder beschworen. Auch jetzt war gerade Pause im Protest und die Demonstranten aus dem Camp spielten Fußball. Da es dämmerte, schalteten sie die Scheinwerfer ihrer Traktoren ein und dehnten das Spiel in Polizeirichtung aus. Die Beamten unternahmen nichts, obwohl die Castorgegner die Straße hätten blockieren können. Aber es war keine Gefahr im Verzug. Ganz im Gegenteil – auch unsere Einheiten machten Licht für die Kicker. Alles blieb friedlich entspannt. Um 20 Uhr wurden wir Kräfte aus Mecklenburg-Vorpommern von anderen Kollegen abgelöst. Die aber hatten keinen Sportsgeist, rissen mit Zangen die Ventile aus den Traktorenreifen und trieben die

Castorgegner vom Feld. Mich erboste diese Handlungsweise ungemein. Warum mussten die Kollegen das tun? Ich hatte das unbedingte Bedürfnis, mich bei den Castorgegnern für diese meiner Meinung nach völlig überzogene Handlungsweise zu entschuldigen. Also ging ich am nächsten Morgen allein und mit einem etwas ängstlichen Gefühl in das Camp. Auf dem Weg dorthin stehen 500 Betonkreuze mit Namen von Bundestagsabgeordneten, was das flaue Gefühl in meinem Magen noch anwachsen ließ. Nicht jeder sieht, dass ich ein Seelsorger bin. Und was heißt das schon, »Seelsorger«, man ist Teilnehmer eines Rollenspiels und vertritt in diesem Fall den Gegner. Und das Spiel ist durchaus ernst. Einer bot mir auch sofort Prügel an. Ich überlegte, dass es wohl keine so gute Idee gewesen war, allein in das Lager zu gehen. Wenig später traf ich aber auf vernünftige Leute; sie nahmen die Entschuldigung im Namen meiner Kollegen entgegen. Ich war sehr erleichtert, und auch »meine« Polizisten haben es mir gedankt.

Am nächsten Tag standen wir an der Tankstelle in Dannenberg. Es gab Essen, das sich von den bleichen Plastiktellern, von denen wir aßen, kaum unterschied. Plötzlich ließen die Kollegen alle ihre Teller fallen – so schlimm ist es nun auch nicht, dachte ich noch. Doch dann sah ich den Grund der Panik: Ein Traktor war durch die Demarkationslinie gebrochen. Das Fahrzeug wurde sofort eingekesselt, die Türen aufgerissen, der Fahrer zu Boden gebracht, Handschellen angelegt. Alles ging blitzschnell. Ich lief ebenfalls in die Richtung und blieb ruckartig stehen, da ich den jungen Mann aus meinem Posaunenchor in Groß Kiesow kannte. Er gehörte zu den Menschen, die gern an wilden Aktionen teilnehmen. Tage zuvor hatte ich ihm meine Karte gegeben, falls er mal Hilfe brauche. Dass es so schnell gehen würde, hätte ich allerdings nicht gedacht. Zwei laute Frauenstimmen holten mich aus meinem Schock: »Sie wollen Pfarrer sein, da werden die Menschenrechte mit Füßen getreten, und was tun Sie?« Es brauchte die Frauen nicht, denn die Polizisten riefen schon »Seelsorger kommen!«. Mein Gemeindemitglied wollte mich sprechen, aber ich konnte ihm nicht helfen, das war ihm auch klar. Während wir redeten, band ich ihm die Schuhe zu, um überhaupt etwas für ihn zu tun. Dann kamen Journalisten, es klackten die Verschlüsse der Kameras und mein Posaunenchormitglied strahlte: »Dieses Bild geht jetzt um die Welt.« Irgendwann wurde meinem Medienheld klar, dass unsere Situation ein bisschen albern war, und wir verabschiedeten uns bis zur nächsten Posaunenchorprobe.

Noch ein zweiter Traktor hatte den Durchbruch geschafft. Darauf saßen eine junge Frau und ihre Tochter. Wie konnte die Frau ihr Kind in so eine Situation bringen? Beide saßen jetzt auf dem Feld, die Frau zitterte. Die Kleine verstand wohl nicht, dass der Spaß jetzt zu Ende war. Die Traktoristin wurde in Gewahrsam genommen, aber was sollte aus dem Mädchen werden? Die Kleine begann zu weinen, und ich versprach ihr, sie von hier wegzubringen. Die Frau sagte mir, dass der Vater des Mädchens auf der Demo zu finden sei. So nahm ich die Kleine an die Hand und lief gegen den Strom in die Demo hinein, angegafft von Hunderten Augen. Ich als Uniformierter mitten in einer Menschenmasse, die der Polizei nicht gerade wohlgesinnt war, mit einer kleinen Zivilistin an der Hand. Die Kleine fragte aber locker in die Menge: »Was glotzt ihr uns so an?« Wir fanden den Vater, und ich freute mich, was alles möglich ist!

Trauerfeier für einen Polizisten

Die Meldung, dass ein Personenschützer sich während seines Dienstes beim ersten Mann im Lande erschoss, sorgte vor wenigen Jahren für Schlagzeilen. Ich weiß nichts über die Motive, die zu dieser Tat führten. Doch Selbstmorde von Polizisten sind leider keine Seltenheit. 2005 nahmen sich zwei weitere Kollegen mit ihren Dienstwaffen das Leben. Zuvor richtete ein 36-Jähriger vor einer Polizeidirektion seine Pistole gegen sich. Ich weiß nicht, ob Polizisten besonders suizidgefährdet sind, zumindest wird ihnen aber die Ausführung ihres Vorhabens möglicherweise erleichtert, da sie Waffenträger sind und somit das sicherste Mittel zur Selbsttötung bei sich tragen. Die meisten Polizisten, die Hand an sich legen, tun dies auch mit einer Pistole, manche im Wald, andere zu Hause, einige sogar demonstrativ für die Kollegen direkt am Schreibtisch oder auf dem Parkplatz vor der Dienststelle. Würde es helfen, die Ausgabe der Waffen stärker zu kontrollieren? Ich glaube, dass keine Vorschrift jemanden, der sich in den Kopf gesetzt hat, aus dem Leben zu scheiden, daran hindern kann. Denn wer die Waffe hebt, ist innerlich schon zerbrochen. Vielleicht aber könnte man manchmal das Zerbrechen vorher erkennen und noch rechtzeitig eingreifen. Ich frage mich oft nach einem Suizid, ob das persönliche oder dienstliche Umfeld nichts von den Absichten gewusst hat oder die möglichen Zeichen nicht ernst genug nahm.

Es gibt ein ganzes Arsenal von Schimpfwörtern, mit denen Polizisten leben müssen, wenn sie zu bestimmten Einsätzen gerufen werden. Oft sind die Kontrahenten alkoholisiert und verlieren jeglichen Anstand, manchmal sind dazu noch die Wohnungen verwahrlost. Es riecht unangenehm, die Küche schimmelt vor sich hin, das Wohnzimmer kann man kaum betreten. Das sind keine angenehmen Einsätze. Ganz zu schweigen von den Gewaltverbrechen und schweren Verkehrsunfällen, deren Eindrücke sich tief ins Unterbewusstsein graben. Natürlich gibt es auch gute Momente, wenn man jemandem helfen kann oder ein Fall gelöst wird. Aber der Druck ist insgesamt doch sehr hoch und strahlt auch ins Privatleben hinein. Kein Polizist kann einfach die Tür zumachen, und dann steht er plötzlich im Garten Eden. Als das Innenministerium zu den eingangs erwähnten Suiziden erklärte, die Ursache liege »trotz der hohen psychischen Belastung von Polizeibeamten im privaten Bereich«, fand ich das deshalb wenig zutreffend. Beruf und Privatleben hängen immer eng miteinander zusammen, es scheint widersinnig, das eine gegen das andere auszuspielen.

Die Wende 1989 bewirkte zudem als Spätfolgen das individuelle Zerbrechen einiger Kollegen. Ein Polizist, von dem ich erfuhr, war zum Beispiel von der plötzlich eingeführten modernen Technik und den neuen Strukturen überfordert. Hinzu kamen diese ewigen Schichtdienste, die ein normales Familienleben schwer machen. Der Mann begann, zum Alkohol zu greifen. Nach der Arbeit holte er sich immer häufiger eine Flasche Hochprozentigen. Später kam er dann manchmal schon mit einer »Fahne« zum Dienst. Das kann jedem mal passieren, meinten die Kollegen. Aber irgendwann gab es keinen Ausweg mehr – die Probleme zu Hause, im Dienst und das Trinken; der Polizist erschoss sich.

Selbst die nach der Wende besseren finanziellen Bedingungen erwiesen sich für einige als zweischneidiges Schwert. Manch einer ließ sich nach der Verbeamtung auf Kredite ein, die er bald nicht mehr bedienen konnte, weil unvorhersehbare Krisen das Leben zerrütteten. Ein Kollege litt an solch einer Krise, seine Lebenswelt zerbrach Stück für Stück. Als seine Tochter ihre Lehre abbrach, gab sich der Vater die Schuld daran. Wäre er mehr für sie da gewesen und hätte sie stärker motiviert, wäre vielleicht alles anders gekommen. Seine Selbstvorwürfe belasteten nicht nur das Verhältnis in der gesamten Familie, er ließ auch seinen Dienst schleifen. Sein gesunder Menschenverstand stand schon neben ihm, er drehte sich nur noch um sich selbst. Die Kollegen konnten dieses krankhafte Bild gar nicht durchschauen. Sie meinten, das werde schon wieder, das sei nur eine vorübergehende Phase, man müsse einfach Geduld haben und ihm ein wenig Zeit lassen. Der schafft das schon, ist doch ein Kerl. Irgendwann spürten die Kollegen aber doch, dass hier etwas nicht stimmen kann. Die Leitung der Dienststelle wurde informiert. Ich wurde dazu gebeten. Meist gibt es nur eine einzige Chance, mit jemandem ins Gespräch zu kommen – entweder man findet einen Draht zueinander oder nicht. Leider war unser Draht zueinander sehr dünn, ich konnte sein Problem nicht lösen und seine Erwartungen nicht erfüllen. Wie alle anderen stand auch ich hilflos diesem depressiven Menschen gegenüber. Er fühlte sich zunehmend als Opfer von allem und allen. Dann sprach er Todesdrohungen aus. Die angeordnete ärztliche Behandlung blieb ohne Ergebnis. Tage später erschoss er sich. Es war trotz der vielen Zeichen für alle unfassbar.

Einmal hielt ich eine Trauerfeier für einen Beamten, der sich das Leben genommen hatte. Sein Sterben hatte alle verwirrt, und niemand wusste, wie er sich verhalten sollte. Im Bestattungshaus war nur die Familie anwesend, die Kollegen hatten sich auf dem Friedhof versammelt. Aber eine Trauerfeier soll versöhnen. Das sah ich auch hier als meine Aufgabe an. In Hektik rief ich in der Leitstelle an und fragte, wo die Kollegen denn seien, und holte sie schließlich vom Friedhof in die Trauerhalle. Es war für alle eine durch und durch verwirrende Situation. Als sich endlich alle feierlich versammelt hatten, begann ich mit meiner Rede. Da klingelte mein Handy in der Hosentasche. Ich schämte mich in Grund und Boden; im Stress, die Trauernden an einem Ort zu vereinen, hatte ich vergessen, es wieder abzuschalten. Ganz ruhig nahm ich während der Rede das Handy aus der Hose und schaltete es aus. Irgendwie passte das Malheur zu diesem Fall, über den später noch viel gesprochen wurde, auf der ewigen Suche nach dem Schuldigen.

Wenn ein Poizeibeamter mit seiner Waffe sich das Leben nimmt, wird immer nach einem Schuldigen gesucht. Denn für den Tod, egal, ob durch Unfall, Selbstmord oder Gewaltverbrechen, wird immer ein Verantwortlicher gesucht, selbst bei schwerer Krankheit ist dies zu beobachten. Jemand oder irgendetwas hat sie angeblich verursacht, stets wird ein Schuldiger ausgemacht, und seien es auch nur die gesellschaftlichen Verhältnisse, die kollektiv schuldig gesprochen werden. Den Willen eines Menschen zum Freitod akzeptieren zu können fällt sehr schwer. Aber kann es beim Suizid überhaupt eine Schuld geben? Wenn auch Betroffenen immer wieder gesagt werden kann, ›ihr seid nicht schuld‹, fühlen sie sich dennoch verantwortlich. Die Schuld wird immer wieder hin und her geschoben, innerhalb der Familie, von der Familie zu den Kollegen, von dort zu den Ärzten und wieder zurück zu den Vorgesetzten. Es wird vermutlich erst nach vielen Jahren eine Versöhnung geben. Beamten, die sich mit ihrer Dienstwaffe das Leben genommen haben, ist vielerlei Hilfe angeboten worden – wären sie noch am Leben, wenn sie diese genutzt hätten? Hätte es genützt, ihnen die Waffe zu entziehen? Ich weiß es nicht.

Wenn Polizisten im Dienst sterben, gibt es für die Kollegen zumeist noch ein anderes Problem. Wer soll sie wie beerdigen? Manchmal ist das klar in der Familie geregelt. Aber manchmal ist es komplizierter. Es fragt sich, ob der Polizeiseelsorger auch Atheisten beerdigen kann. Ich habe da lange nach einer Form gesucht, Nichtgläubigen gerecht zu werden und mich zugleich als Christ nicht zu verleugnen. Atheisten kennen keine Hoffnung nach dem Tod, also haben sie auch keine Antworten. Es gilt den Lebensweg des Verstorbenen mit Worten nachzuzeichnen. Doch ich kann nicht über den Tod sprechen ohne über Gott zu sprechen. So habe ich auch bei diesen Trauerfeiern den Mut, religiöse Texte zu lesen und am Grab, wenn die anderen stumm sind, zu beten. Viele Angehörige haben mir gesagt, dass sie dankbar für diese Grenzüberschreitung sind. Ich nehme die Menschen mit auf einen besonderen Weg, ohne sie zu verletzen. Auch das Polizeiorchester spielt auf meinen Wunsch Choräle, wie »Jesu, meine Freude«. Die Menschen spüren, dass hier etwas Besonderes vorgeht.

Deshalb gefällt mir auch die sich neuerdings breitmachende Unkultur der »Disko-Musik« auf dem Friedhof überhaupt nicht! »All you need is love« vom Band – das hat für mich weder Kraft noch Würde. Ich finde, dem Abschiednehmen sollte Besonderes vorbehalten sein. Denn eine Beerdigung ist doch auch für alle ein erster Schritt aus den Fesseln des Todes, eine Befreiung. Hier kommen die Familien zusammen, die sich oft lange nicht gesehen haben, man redet miteinander, trinkt und isst. Die Botschaft einer Beerdigung ist doch immer auch, dass wir Hinterbliebenen noch da sind, das Leben schön sein kann. Rituale wie die öffentliche Trauerfeier und der Leichenschmaus sollten meiner Ansicht nach deshalb nicht abhanden kommen.

Tod in der Nachbarschaft

Es gehörte schon immer zu meinen schrecklichsten Vorstellungen, jemandem im Dorf eine Todesnachricht überbringen zu müssen. Ich lebe hier schon dreißig Jahre und kenne, abgesehen von ein paar neu Hinzugezogenen, jeden. Wir treffen uns im Laden, auf der Straße, in der Kirche. Diese alltägliche Nähe verbindet, so dass ich hier am allerwenigsten eine Todesnachricht überbringen möchte. Denn muss ich Fremden vom Tod eines Angehörigen berichten, verschwinde ich irgendwann aus deren Leben und sie aus meinem, aber hier in Groß Kiesow würde man sich begegnen.

Und doch musste ich eines Tages diese schwere Aufgabe übernehmen. Ich wurde zu einem Unfall in der Nähe meines Heimatortes gerufen. Da lag ein junger Mann auf der Straße, den ich zunächst nicht erkannte. Die Unfallursache war schnell ermittelt. Der Fahrer des Mopeds wollte auf der B 109, einer stark befahrenen Fernverkehrsstraße, in einen Waldweg einbiegen. Der ihm folgende PKW hat sein Blinkzeichen nicht oder zu spät gesehen, ihn fast frontal erwischt und durch die Luft geschleudert. Ich habe mich schon oft gefragt, warum man nicht die Zufahrten der Waldwege an Bundesstraßen sperrt. Denn kein Fremder kennt sie und kann ahnen, dass hier jemand abbiegen könnte. Ich halte das für eine stete Gefahrenquelle.

Als ich mir das Unfallopfer genauer ansah, traf es mich wie ein Schlag. Es war Martin aus Groß Kiesow. Das durfte nicht wahr sein, dachte ich. Ich hatte ihn getauft, er war bei mir in die Christenlehre gegangen. Plötzlich stand vor meinem geistigen Auge seine Urgroßmutter Lieselotte, eine lebenslustige, agile Frau, die sehr plötzlich gestorben war. Auch dem Großvater blieb nicht viel Zeit, sich auf den Tod vorzubereiten. Ihre Gräber liegen dicht an dem Weg, den ich von meinem Haus zur Kirche gehe. Diese Familie kenne ich länger und näher als so manchen, den man nur im Vorübergehen grüßt. Mit Martins Mutter, die Kindergärtnerin im Dorf ist, hatte ich eine Zeit lang intensive Kontakte, als es nach der Wende darum ging, ob die Kirche eventuell den Kindergarten übernehmen sollte. Martin war in einem Pferdesportverein, ging gemeinsam mit der Schwester und den Eltern zu Turnieren. Ich hatte immer das Gefühl, Lewes sind eine intakte und harmonische Familie. Und nun lag Martin hier auf der Straße.

Die Nachricht von seinem Unfall erreichte die Angehörigen in Windeseile. Seine Mutter Mirella war schon auf dem Weg ins Krankenhaus, als ich eintraf. Ich holte Manja, die Tochter, von zu Hause ab. Der Vater Matthias war nicht in Groß Kiesow. Er war für eine holländische Firma unterwegs, brachte Güter nach Schweden. Seine Fähre verließ gerade den Hafen, als Martin den Unfall hatte. Mir war klar, dass Matthias informiert werden musste, um so schnell wie möglich zurückzukommen. Also begann ich, mit dem Fährhafen in Saßnitz, der Firma in Holland und der Anlegestelle in Schweden zu telefonieren. Die Nachricht vom Unfall erreichte den Vater, der mit demselben Schiff wieder zurück aus Schweden kam. Im Krankenhaus traf ich die Mutter des Verunglückten. Wir gingen zusammen auf die Intensivstation, wo ihr Sohn auf dem Bett an Schläuchen lag, das Herz schlug noch, doch er war schon klinisch tot. Dennoch sah Martin aus, als würde er jeden Moment wieder die Augen aufschlagen. Mir gingen diese Minuten an seinem Bett sehr nahe. Menschen in diesen sehr intimen Situationen zu begleiten ist auch für mich nicht einfach. Ich frage mich dann immer, ob ich mich den Angehörigen aufdränge, und versuche intuitiv auf ihre Regungen zu reagieren. Hier hatte ich das Gefühl, die Mutter begleiten zu sollen.

Martins Eltern entschieden sich, seine Organe zur Transplantation freizugeben. Ich war positiv überrascht von dieser klaren, aber doch immer auch schweren Entscheidung. Lange überlegen mussten die beiden jedoch trotz der großen Trauer nicht, da Martins Vater lange Zeit einen Rettungswagen gefahren hatte; er wusste also aus Erfahrung, wie wichtig die Organspende für andere Schwerstverletzte oder Kranke sein würde. Die Familie hatte sich bereits lange vor Martins Unfall darüber unterhalten, dass sie sich im Falle des Falles für eine Organspende entscheiden würde – vielleicht auch, weil so der Tod immerhin dazu dienen kann, ein anderes Leben zu retten. Ich hatte tiefen Respekt vor dieser Entscheidung. Nach Verkehrsunfällen, wenn die Organe des verstorbenen Opfers in Ordnung sind, wird die Frage nach einer Entnahme unweigerlich von den Ärzten gestellt. Viele fragen sich dann, wann ein Mensch wirklich tot ist, da sie Angst haben, ihn zu früh aufzugeben. Setzt das Herz aus, so kann man es vielleicht kurz darauf noch wieder zum Schlagen bringen; aber wenn das Gehirn nicht mehr arbeitet, kommt jede Hilfe zu spät. Dennoch ist das oft für die Angehörigen nur schwer zu erkennen; der Tote liegt zwar an Schläuchen angeschlossen da, macht aber eher einen schlafenden Eindruck. Nach der Beurteilung eines Ärzteteams und mindestens 24 Stunden Wartezeit wird dann der Hirntod diagnostiziert, die behandelnde

Ärztin oder der Arzt muss dann diese ganz harte Frage stellen, ob die Angehörigen bereit wären, die Organe, die weiterhin am Leben gehalten wurden, für andere Patienten zur Verfügung zu stellen. Diese Frage anzusprechen ist im Angesicht der Angehörigen sehr schwierig, und doch ist eine positive Beantwortung für andere lebensrettend. Aber fast niemand ist auf diese Frage wirklich vorbereitet, sie kommt in solchen Momenten im Denken gar nicht vor.

Einmal wurde ich ins Krankenhaus gerufen, weil ein junger Mann im Sterben lag und die gesamte Familie vor Ort war. Mutter, Schwester, Tante und Freundin. Sie konnten an diesem Abend nicht mehr zurück in ihre Heimatstadt. Also blieben sie im Krankenhaus, ich organisierte Decken, und alle hielten bei dem jungen Mann Wache. Er war hirntot, die Organe wurden am Leben gehalten, die tickenden und piepsenden Geräte zeigten es an. Gegen vier Uhr morgens fuhr ich nach Hause, um ein wenig zu schlafen. Vormittags fand das Arztgespräch statt, den Angehörigen wurde der Hirntod mitgeteilt, und es wurde die Frage nach der Organentnahme gestellt, sehr behutsam. Aber in der letzten Nacht, das spürte ich sofort, war dieser Körper für alle Angehörigen zu einem Heiligtum geworden. Der Tod hatte alle schon so tief verletzt, dass sie die Verletzungen des Körpers nicht mehr ausgehalten hätten. Vielleicht hätten sie die Frage zu einem früheren Zeitpunkt anders beantwortet. Deshalb denke ich, man sollte sich frühzeitig überlegen, ob man in einem solchen Falle selbst seine Organe spenden möchte. Falls ja, hilft ein Spenderausweis, um den Angehörigen in dieser schwierigen Situation die Frage abzunehmen. An jenem Vormittag begleitete ich die Angehörigen noch auf ihrem schweren Gang der Abschiednahme. Eine Weile standen wir schweigend im Zimmer des Sohnes, Freundes, Bruders und Neffen. Dann war es an mir zu sagen: »Wir gehen jetzt.« Es scheint, als wehe in solch einem Augenblick etwas Frostiges im Rücken. Man weiß, dass direkt hinter einem jetzt jemand in das Zimmer geht und die Geräte abschaltet.

Seit Martins Tod sind inzwischen vier Jahre vergangen. Lewes wohnen noch immer in Groß Kiesow, sie bauen an ihrem Haus, dreimal haben sie es schon verschönert. Es ist sonnig und hell. Martins Bild steht auf einem Schrank, neben anderen Familienbildern. Mirella ist eine starke Frau, die mir dennoch für meine Anwesenheit damals im Krankenhaus dankte. Denn wie so viele Angehörige hatte auch sie sich ein wenig wie abgestellt im Wartezimmer gefühlt, nicht wissend, was die Ärzte gerade mit ihrem Sohn machten, nicht ahnend, ob es noch berechtigten Grund zur Hoffnung gab. In den Tagen nach dem Unfall stürzte die Familie in ein schwarzes Loch der Trauer. Doch aufgeben konnten und wollten sie sich nicht. Die Mutter erzählte, dass ihr die vielen Gespräche mit Familienangehörigen und Freunden geholfen hätten. Ich denke, dass diese Möglichkeit, immer wieder über den Verlust reden zu können, für Hinterbliebene sehr wichtig ist. Oft fühlen sich Freunde von dieser Trauerarbeit überfordert. Man muss Hinterbliebenen aber mit sehr viel Geduld begegnen, ihnen zuhören und immer wieder signalisieren, dass man Zeit für sie hat. Hinterbliebene ziehen sich sonst leicht in Selbstisolation zurück, denken, es verstünde sie in ihrem Schmerz ja sowieso niemand, und es könne ihnen auch keiner den Verstorbenen wiedergeben. Das stimmt natürlich. Dennoch können Freunde wichtig sein, wenn sie Trauernde nicht zu Unberührbaren machen, sondern sie wieder in die Normalität integrieren, sie einladen, Unternehmungen vorschlagen. Auch Martins Mutter suchte schon zwei Wochen nach dem Tod ihres Sohnes wieder ihr Stück Normalität in der Arbeit zu finden. Sie hatte den Eindruck, hier im Kindergarten im ständigen Kontakt mit anderen Menschen weniger dem Gefühl, verrückt werden zu müssen, ausgesetzt zu sein. Sie ging also wieder hinein ins Leben, in die Arbeit, dorthin, wo sie auch von anderen Menschen gebraucht wurde. »Bist du denn noch traurig?«, fragten sie die Kinder und nahmen sie in den Arm und drückten sie. Kinder sind ehrlich und unvoreingenommen. Und sie gehen nicht selten mit dem Tod offener um als die Generation ihrer Eltern und Großeltern. Wenn zum Beispiel der Großvater stirbt oder die Katze überfahren wird, spricht man im Kindergarten darüber. Mirella ist eine Frau, die früher anderen viel Kraft gegeben hat, nun, nach dem Tod ihres Sohnes, floss diese zu ihr zurück. Zur Trauerfeier boten zum Beispiel die Eltern aus dem Kindergarten an, die Aufsicht zu übernehmen, damit die Kollegen auch Abschied nehmen konnten. Die Gemeinschaft war hier ein wahrer Kraftquell, ebenso wie die gesamte, verzweigte Familie der Lewe. Auch der Reitverein, in dem Martin aktiv war, hat sich nicht von Lewes zurückgezogen. Im Gegenteil. Es gehörte zu den schönen Gewohnheiten, dass Lewes stets als begleitende Eltern ins sommerliche Reitlager mitfuhren. Das Hobby der Kinder verband die Eltern, dieses Band riss auch durch Martins Tod nicht; die beiden gehören weiterhin zu diesem Freundeskreis. Solche Verbindungen zu halten, hilft einerseits mit dem Schmerz fertig zu werden, andererseits kommen den Eltern aber auch regelmäßig traurige Gedanken, sie überlegen, dass er jetzt auch so groß sei, oder welches der Mädchen wohl jetzt seine Freundin wäre. Es ist für Eltern, die ihre Kinder verloren haben, immer sehr schwer, die gleichaltrigen Freunde heranwachsen zu sehen. Aber man darf keine Angst vor der Trauer haben und sollte sie ausleben.

Auch Martins Vater ist bald wieder arbeiten gegangen. Es

musste weitergehen. Die Kollegen wissen, dass Matthias sich sofort schlafen legt, nachdem er mit seinem LKW auf die Fähre kommt; er möchte in diesen vier Stunden auf der Ostsee nicht an die schlimmste Schiffspassage seines Lebens erinnert werden. Dennoch ist er froh, Arbeit bei dieser Firma zu haben, die ihm sogar eine längere Trauerzeit ermöglicht hätte und verständnisvoll mit seiner Trauer umging. So macht beiden Eltern ihre Arbeit Freude und wird nicht nur als stupider Broterwerb angesehen, eine wichtige Prämisse, um wieder Kraft zu schöpfen. Die Angst vor dem eigenen Tod haben sie verloren, aber die Furcht, den anderen zu verlieren, ist größer geworden. Sie sind jetzt vorsichtiger geworden auf der Straße, fahren manchmal nur noch mit 40 Stundenkilometern durch Ortschaften, weil jeder ungewollt einem Menschen so viel Leid zufügen kann. Professionelle Hilfe von Psychologen oder dem Kreis »Verwaiste Eltern« haben Lewes nicht in Anspruch genommen. Sie glauben, dass man das Leid nicht teilen kann und es auch nicht vergeht. Ein Bekannter versuchte sie drei Jahre nach dem Unfall mit der Floskel zu trösten, die Zeit heile alle Wunden. Eltern, die ein Kind verloren haben, wissen, dass dieser Satz nicht stimmt. Die Trauer bleibt, nur man selbst darf nicht in dieser Trauer verharren. Ein Dreivierteljahr nach Martins Tod begann Mirella sein Zimmer auszuräumen, dann folgten die Umbauten des Hauses. Wegziehen wollen sie aber nicht, denn hier sehen sie den Halt der Familie. Wegziehen wäre für sie wie weglaufen – und das kann man nicht.

Sie sind doch im Himmel?

An einem Freitagabend beschloss ich, nicht zur Sitzung der Synode zu gehen und einen Abend ganz ohne Polizei und Kirche zu verbringen, mich mal unter andere Leute zu mischen. Statt zur Sitzung machte ich mich also auf den Weg zu einer Ausstellungseröffnung und ging davon aus, dort bestimmt niemanden aus dem einen wie aus dem anderen Berufsfeld zu treffen. Außerdem mag ich Bilder sehr, seitdem ich dem Maler Horst Leifer begegnet bin. Er stammte aus Schlesien, studierte in Dresden und ließ sich hier im Vorpommerschen nieder. Wir waren viele Jahre befreundet, bis ich ihn schließlich im Sterben begleitete. Viele seiner großformatigen, aufwühlenden Bilder hängen in meinem Haus. Er hat darin Lebenswelten eingefangen, die mir sehr nah sind. Was sie für mich so besonders macht, ist, dass sie den Betrachter wie ein Spiegel in jedem Licht anders ansprechen. Ich betrachte diese Bilder gern, zumal sie mich an Horst erinnern – und das sind gute Erinnerungen.

Auch auf der damaligen Ausstellung fühlte ich mich wohl. Es gab Wein, man wandelte durch die Räume, und ich stand besonders lange vor dem Bild »Last Act«. Es zeigt die Hand eines ehemaligen deutschen Innenministers mit einer Pistole. Ich betrachtete es so fasziniert, dass mir der Galerist zwei Siebdrucke davon schenkte. Den Siebdruck mit der Pistole unter dem Arm, machte ich mich mit ein paar Freunden auf den Weg zu einem italienischen Restaurant.

Da rief die Leitstelle an. Ein Mann hatte seine Frau erschossen und danach sich selbst. Irgendwie erschien mir mein gedrucktes Kunstwerk nun ein wenig merkwürdig, fast wie ein schlechtes Omen. Doch ich schob diesen etwas absurden Gedanken beiseite und machte mich auf den Weg. Es war noch ein kleines Kind im Haus. Ich fuhr schnell und ahnte, dass mich am Ziel Furchtbares erwarten würde. Ich wusste nicht, ob ich auch dieses Mal einen Abschiedsbrief zu Gesicht bekommen würde. Ich habe schon viele dieser letzten Schreiben in den Händen gehalten, diese Gemälde von jemandem, der sich selbst in die Mitte stellt und die Welt neu um sich herum strukturiert. Oft geht es hinter all den Worten um Macht, um den Versuch, aus der Ohnmacht der eigenen Handlungsunfähigkeit Allmacht werden zu lassen – und um Lieblosigkeit und den Mangel an Empathie. Denn wer bringt es schon fertig, Sätze zu schreiben wie »Ich bin jetzt ein Stern am Himmel und kann Euch sehen« oder »Ich habe Euch alle lieb, bitte nehmt mir meinen Schritt nicht übel«? Für die Hinterbliebenen wird so eine unüberwindbare Schuldwand aufgebaut; ich denke, das weiß der Suizident oft auch.

In dem Haus, zu dem ich jetzt fuhr, erwartete mich ein schreckliches Ende verquerer männlicher Logik. Ich weiß nicht, ob meine Ansicht falsch ist, aber manchmal denke ich, manche Männer haben sich seit der Steinzeit nicht entscheidend weiterentwickelt. Damals gehörte alles, was in ihrer Höhle war, ihnen. So betrachten viele ihre Frauen auch heute noch als Besitz. Während Frauen Beziehungen führen, haben Männer eine Frau, sie betrachten sie als Eigentum. Deshalb kann ein Mann auch viel leichter aus einer Partnerschaft gehen, Frauen lassen das öfter zu. Männer können schlecht loslassen und neigen in solchen Momenten viel eher zu vernichtenden Reaktionen. Sie denken sich, dass ihre Frau durch den Tod für immer ihnen gehören könnte; wenn schon nicht im Leben, dann eben im Tode vereint. Bei Mitnahmesuiziden glaube ich, dass der eine zunächst zum Täter wird und seinen ehemaligen Partner tötet und sich dann selbst bestraft. Affekthandlungen dürften das selten sein, denn es braucht schon einiges, um die natürliche menschliche Tötungshemmung auszuschalten; man nimmt nicht einfach so einem Menschen das Leben.

Ich fand das Haus schnell. Der Anblick war erschütternd. Die Eheleute lagen tot auf dem Boden. Der Bruder des Mannes war ebenfalls im Haus, er wollte zu Besuch vorbeischauen und musste nun diese Tragödie miterleben. Die Ehe der beiden Toten war nicht mehr intakt, die Frau hatte jemanden anderen kennengelernt und wollte vermutlich ihren Mann verlassen. Der kam nicht mit dem Verlust zurecht, so dass ein Funke reichte, um die in ihm angestauten Aggressionen zur Explosion zu bringen. Dieser Funke war eine SMS vom neuen Freund der Frau, es gab einen lauten Wortwechsel, daraufhin stürzte der Mann zum Waffenschrank, holte eine Pistole und erschoss seine Frau und danach sich selbst. Der Bruder konnte nichts tun, ein Wunder, dass er überhaupt selbst am Leben blieb. Für die Aufnahme der Situation blieb mir nicht viel Zeit, denn in der oberen Etage war noch ein Kind, die Tochter der beiden. Die Polizisten hatten sich zwar vergewissert, dass das Kind unversehrt war, doch noch hatte niemand mit ihm gesprochen.

Das kleine Mädchen lag in seinem Bett. Ich fragte mich, was ich jetzt machen sollte. Was wäre richtig, was falsch? Ich hatte keine Idee, wie ich mich dieser Situation stellen sollte. Es war ein blondes, hübsches Mädchen, das mit geschlossenen Augen dalag, mich aber Sekunden später hellwach anschaute.

Ich war mir sicher, dass sie das Schreien und Schießen gehört und sich unter der Bettdecke verkrochen hatte, um abzuwarten, was passiert. Ich kniete mich neben sie, redete über die Kuscheltiere, die in ihrem Zimmer lagen, fragte nach Oma und Opa. Sie hörte einfach zu und fragte nicht, wo ihre Eltern sind. Aus einem Selbstschutzinstinkt ließ sie sich auf mich, diesen fremden Mann, ein. Dann fragte ich das Kind, ob wir zu Oma und Opa fahren wollen, es willigte ein. Das kleine Mädchen von vielleicht vier Jahren ahnte, dass etwas passiert sein musste, weinte aber nicht. Ich packte dann ein paar Kleidungsstücke und einige Plüschtiere ein. Dann hüllte ich die Kleine in eine Decke, nahm sie auf den Arm und trug sie aus dem Haus, in mein Auto, einen großen Kombi, der in Momenten wie diesem zum Glück viel Platz bietet. Im Wagen saßen schon der Bruder des Toten und eine junge Beamtin, die heute hier ihren ersten Einsatz bei einem schweren Verbrechen hatte. Ich setzte ihr das Mädchen auf den Schoß, damit sich die Kleine irgendwo ankuscheln konnte.

Es war eine fast unwirkliche Fahrt durch die stockfinstere Nacht. Neben mir saß der verstörte Bruder, der mir zum Glück den Weg zu den Großeltern zeigte, hinten die Beamtin mit dem Kind auf dem Schoß, das ein bisschen spielte. Endlich erreichten wir nach gut einer Stunde Fahrt das Haus. Der Großvater war gleich an der Tür und wollte mich nicht hereinlassen. Mir kam nur ein Wort über die Lippen: »Tot«. Ich sagte es ganz hart – und ich war über mich selbst ein wenig erschrocken. »Sie sind tot«, sagte ich dann noch einmal. Dann gingen wir auf die Veranda, und ich bat ihn, seine Frau zu holen. Es schien mir eine Ewigkeit zu dauern, bis sie schließlich kam, ich auch ihr sagen musste: »Ihre Tochter ist tot, der Ehemann hat sie erschossen und sich dann selbst das Leben genommen.« Ich spürte fast körperlich, wie in den Eltern alles zusammenbrach, alles auf einmal zerstört war. Dann setzten wir uns in die Wohnstube, und ich erzählte, was im Haus ihrer Tochter vorgefallen war. Langsam verstanden sie die brutale Wirklichkeit. Die Mutter fing ganz schrecklich an zu schluchzen; ihre Enkelin saß aber noch immer im Auto, für Trauerarbeit blieb also zunächst kein Raum. Ich schlug ihnen vor, dass ich dem Mädchen sage, was passiert ist, denn ich spürte, dass die beiden selbst so unter emotionalem Stress standen, dass sie es wahrscheinlich nicht übers Herz bringen würden, dem Kind die Wahrheit zu sagen. Ich wollte ihnen ersparen, der Kleinen so etwas Schlimmes mitteilen zu müssen. Wir holten das Kind herein, saßen auf der Couch, und das Mädchen schaute mich irgendwie erwartungsvoll an. Nun sprach ich die Worte aus: »Deine Mama und dein Papa sind tot.« Mehr sagte ich nicht und merkte, sie hat es schon gewusst. Ihre ersten Worte waren »Sie sind doch jetzt im Himmel«, was ich ihr sofort bestätigte. Dennoch kann man in so einem Fall auch die Fakten nicht leugnen, das Kind hatte die Schüsse gehört, weshalb ich fortfuhr: »Dein Papa hat deine Mama erschossen, und danach hat sich dein Papa erschossen.« In solchen Momenten gibt es keine kindgerechte Sprache, da sollte man auch nichts verharmlosen, denke ich.

Ich verständigte den Pfarrer vor Ort und bat ihn, zur Familie zu kommen. Es wäre nicht gut gewesen, sie ganz allein zu lassen. Es ist schön, dass das Zusammenspiel mit den Pastorenkollegen in solchen Situationen sehr gut funktioniert, man sich aufeinander verlassen kann. Ich selbst stieg wieder ins Auto und fuhr zurück zum Haus der beiden Toten, um ein paar Sachen für das Mädchen zu holen. Da erst wurde mir richtig bewusst, dass die Kleine keine Eltern mehr hat. Es fühlte sich seltsam an, den Nachlass von Menschen zu berühren, die vor wenigen Stunden noch lebten. Außer Hosen, Pullovern, Strümpfen, packte ich noch einige Bilder ein, vielleicht wollte das kleine Mädchen sie gern anschauen. Dann fuhr ich wieder durch den Wald zu den Großeltern. Das Mädchen schlief, ich trank noch eine Tasse Kaffee und machte mich dann auf den Heimweg. Ich fühlte, die Großeltern würden, wenn es auch schwer war, die Rolle der Eltern für das kleine Mädchen mit all ihrer Kraft und Liebe verantwortungsvoll wahrnehmen. Nach wenigen Kilometern spürte ich schon, dass meine ganze Energie, meine ganze Kraft erschöpft waren. Mir war klar, dass ich anhalten musste, um mich selbst nicht zu gefährden. Ich stellte mich mit dem Auto an den Straßenrand und schlief ein, obwohl es nur noch 20 Kilometer bis nach Hause waren. Es ging nicht mehr.

Leises Wimmern

Die Polizei wurde abends von Anwohnern in eine Neubaugegend gerufen, die den Kollegen leider nicht unbekannt ist. Hier gibt es immer mal wieder Streitigkeiten unter den Nachbarn oder innerhalb der Familien, häufig kommt es auch zu Einbrüchen und Diebstählen. Andreas Rieck fuhr mit einem Kollegen, der sich noch in der Ausbildung befand, zum Einsatzort. Die beiden dachten, es ginge nur um Absperrmaßnahmen. Doch es wurde ein schlimmer Fall daraus. Eine junge Frau war in Todesangst vom Balkon im zweiten Stock gesprungen, sie war mit Messerstichen verletzt. Sie sprach wenig Deutsch, konnte sich aber verständlich machen und bedeutete aufgeregt, dass ihre Tochter noch in der Wohnung sei. Die Feuerwehr konnte die Wohnungstür nicht öffnen, sie war nagelneu und feuerfest. Der 40-jährige Rieck vernahm nur ein einziges Geräusch aus der Wohnung – das leise Wimmern eines kleinen Kindes. Die Beamten wussten nicht, ob das Mdchen verletzt war, aber dass die Mutter vom Balkon gesprungen war, ließ das schlimmste befürchten. Der Polizeihauptmeister entschied sich, über den Balkon zu klettern. Drinnen war alles stockfinster. Die Pistole in der Hand, fand er das kleine Mädchen endlich zusammengekauert auf dem Boden hockend, mit blutig verschmiertem T-Shirt. Doch noch war nicht klar, wer dem Mädchen die Verletzungen zugefügt hatte, vor wem die junge Frau vom Balkon gesprungen war. Der Kollege machte sich auf die Suche in der dunklen Wohnung und sah im Nebenraum einen Mann liegen, die Hände über der Brust gefaltet. Als Rieck ihn anstieß, sah er, dass sich der alte Mann mit einem Messer die Kehle durchgeschnitten hatte. Ein grausiger Anblick.

Dann begann für den Kollegen, der selbst zwei Kinder hat, der normale Polizeidienstweg. Er hatte ein Protokoll zu schreiben, inklusive einer Skizze vom Tatort. Rieck schottete sich vom Dienstgetümmel ab, doch je länger er schrieb, desto mehr steigerte er sich in Emotionen. Ihm kam in den Sinn, wie es wäre, wenn seine beiden Jungs und seine Frau dort gelegen hätten, was wäre, wenn ihnen Schlimmes zustieße. Zu diesen Gedanken hörte er ständig das leise Wimmern des kleinen Mädchens im Kopf nachhallen. Er konnte in dieser Nacht nicht schlafen und lag stattdessen mit einer Art wachem Albtraum im Bett. Am nächsten Tag rief er mich an. Wir kannten uns schon. Er berichtete mir bei vielen Tassen Kaffee von dem Fall und sprach von seinen Ängsten. Natürlich wusste er, dass diese Sorgen rational betrachtet unbegründet waren, doch er musste sie trotzdem jemandem erzählen. Jemandem, der eng genug mit der Polizeiarbeit verbunden war, um ein Gefühl dafür zu haben, der aber gleichzeitig neutral war und einen Blick fürs Reale hatte. Seine Frau und seine Kinder hätte er mit dem Erlebten geängstigt, die Kollegen haben alle ihre eigenen Verbrechen im Hinterkopf und hätten seine Erzählung möglicherweise für Gefühlsduselei gehalten.

Mehrfach sprach ich mit Andreas über seine Erlebnisse und auch über die Mutter und das kleine Mädchen. Ich glaube schon, dass es in diesem Fall half, dass sich der Polizist weiter mit den traumatisierten Hinterbliebenen beschäftigte, denn das

Schicksal des kleinen Mädchens ging ihm sehr nah. Der Mann, der sich offensichtlich nach einem Kampf das Leben genommen hatte, war ihr Großvater gewesen. Er war ein Spätaussiedler, der mit seiner Tochter und dem Enkelkind aus Russland nach Deutschland gekommen war. Die Tochter wollte sich hier ein neues Leben aufbauen, doch der Alte konnte nicht mehr Fuß fassen, soziale Kontakte fehlten, zudem sah er seine frühere Autorität schwinden. Denn seine Tochter hatte sich verliebt und wollte mit dem Mann zusammen sein, auch gegen den Willen des Vaters, der seine schon lange verlorene Entscheidungsmacht mit Gewalt durchzusetzen versuchte. Die Situation eskalierte, es kam zu einem heftigen Streit, bei dem er versuchte, seine Tochter zu töten. Er fügte seiner Tochter Stichwunden in den Bauch zu, die Enkeltochter versuchte, ihre Mama zu verteidigen, indem sie den Opa mit einer Gabel piekste. Dann sprang die Mutter aus dem Fenster, eine heruntergelassene Markise rettete ihr vermutlich ein zweites Mal das Leben, denn wer überlebt schon schwer verletzt einen Sprung aus dem zweiten Stock?

Ich redete viel mit Andreas und besuchte auch Mutter und Tochter im Krankenhaus. Die Gefühlslage der Mutter war zwiespältig. Sie war wütend auf ihren Vater, doch sie war gleichzeitig sehr traurig, dass er sich das Leben genommen hatte. Er konnte wahrscheinlich nicht mehr aus seiner Haut, konnte seine alten Lebensbahnen und Vorstellungen nicht verlassen. Die Tochter erinnerte sich auch an viele positive Momente mit ihrem Vater, er war in ihren Augen kein schlechter Mensch, hatte sie mit nach Deutschland genommen, vermutlich wissend, dass es für ihn hier keine Zukunft mehr geben würde. Die junge Frau wollte mit dem Toten ihren Frieden machen, doch sie plagte auch ein ganz praktisches Problem: Wo sollte er, der Entwurzelte, beerdigt werden? Er hatte sich gewünscht, dass Deutschland wieder seine Heimat wird und seine nachfolgenden Generationen sich hier verwurzeln. Russland war weit, und sie hatten alle Zelte dort abgebrochen. Also schlug ich ihr vor, ihren Vater auf einem Friedhof in der Nähe zu beerdigen. Ich glaube, sie war sehr glücklich über diesen Vorschlag. Das, so stellte ich später fest, bedeutete nicht nur ihr, sondern auch den Verwandten sehr viel. Der Vater fand in der Erde, die seine Vorfahren vor über 100 Jahren verlassen hatten, seine letzte Ruhe. Für die Nachkommen ist es der Platz der neuen Heimat. Die Heimat ist da, wo die Toten sind. Es war eine friedvolle Beerdigung, zu der viele Bekannte und Verwandte kamen. Eine Aussöhnung der Generationen. Niemand warf ihm das Verbrechen vor, stattdessen hieß es, seine Seele sei hier erkrankt.

Andreas Rieck ließ indes das Schicksal des kleinen Mädchens nicht los. Irgendetwas wollte er für dieses Wesen, das er so verängstigt vorgefunden hatte, tun. Er sammelte bei den Kollegen Geld für einen Puppenwagen. Ich bin dann zur Mutter gefahren und habe gefragt, ob die Kleine mal für eine Stunde mit mir kommen könne. Die Mutter war zwar verängstigt, vertraute mir aber dennoch. Gemeinsam sind wir zum Polizeirevier gefahren, was für das Kind schon ein Erlebnis war. Aber das Größte waren wohl doch nicht die vielen blinkenden Lichter und ungewohnten Töne – sondern der Puppenwagen. Die Kleine strahlte und lachte und ließ so auch ein wenig das Wimmern aus dem Kopf von Andreas verschwinden. So tat er mit dem Geschenk nicht nur dem Kind, sondern auch sich selbst etwas Gutes und schloss diesen für ihn von Anbeginn so emotionalen Fall mit einer gefühlvollen Geste ab.

Das Grab des Großvaters ist bis heute stets gepflegt. Es ist nun seine Heimaterde.

Auch ein anderer Fall brachte mich in Kontakt mit der ganz anderen Trauermentalität der Spätaussiedler, die hier in Mecklenburg-Vorpommern angesiedelt wurden. Viele haben Startschwierigkeiten gehabt, fanden sich nicht leicht in der neuen sozialen Umgebung mit der fremden Sprache zurecht. In ihren ursprünglichen Heimatorten hatten gerade die Älteren, die noch viele Jahre der Diskriminierung in der Sowjetunion erlebt haben, geglaubt, in Deutschland nun endlich als »Deutsche unter Deutschen« leben zu können. Hier angekommen, mussten sie jedoch feststellen, dass sie als Russen gelten, als Fremde. Manche schließen sich in kleinen Gruppen zusammen, um sich in der unbekannten Umgebung zurechtzufinden; zu uns Alteingesessenen finden sie meist kaum Kontakt.

Wie sie leben, wie sie Trauer zeigen, lehrte mich ein anderer Einsatz. Ich sollte eine Todesnachricht überbringen. Der Fahrer eines Baufahrzeugs hatte beim Abbiegen eine Frau auf ihrem Fahrrad übersehen – sie war auf der Stelle tot.

Das Haus der verunglückten Frau war relativ schnell gefunden, die Familie wohnte ganz oben. Niemand öffnete. Nun klingelte ich mich sozusagen nach unten durch, bis mir eine Frau sagte, dass der Sohn der Toten noch bei der Arbeit sei, ihre Eltern aber nebenan wohnten.

Ich betrat mit deren Wohnung einen Ort, der zugleich eine Atmosphäre von Erinnerung und Neuanfang ausstrahlte. Ein Glastisch stand hier mit Spitzendeckchen, ein Samowar und ein Kaffeeautomat. Die älteren Fotos an der Wand zeigten die Familie in ihrem kasachischen Dorf, die aktuelleren waren schon vor dem neuen Zuhause aufgenommen. Vermutlich hatte sich auch dieses ältere Ehepaar dazu entschlossen, den großen Schritt nach Westen zu wagen, um den Kindern eine bessere wirtschaftliche Zukunft zu ermöglichen –

denn allein konnten diese nicht gehen, erwartet doch das deutsche Staatsbürgerrecht von mindestens einem Familienmitglied eine nachgewiesene deutsche Abstammung und Deutschkenntnisse. Jetzt, hatte sich die ältere Generation gedacht, konnte hier in Deutschland noch mal für alle gemeinsam ein neues, besseres Leben beginnen. In der Zwei-Raum-Wohnung herrschte eine heimelige Adventsstimmung, die ich nun zerstören musste. Ohne Umschweife sagte ich ihnen, dass ihre Tochter tödlich verunglückt war. Sofort begann die Mutter ganz laut zu weinen, riss den Wäschekorb zu Boden, fing an, sich an den Haaren zu ziehen – und schrie dabei immer wieder: »Jetzt ist alles vorbei, alles war umsonst!« Sie fragte nicht, was passiert sei, wollte nicht reden, sondern schrie und weinte. Ich saß ein wenig hilflos auf dem Sofa und wusste nicht, was ich tun konnte. Ohne sich auch nur ein wenig zu beruhigen, nahm sie den Telefonhörer und wollte ihre anderen Kinder anrufen. »Das mache ich für Sie«, versuchte ich mich in Erinnerung zu bringen, aber sie schrie ununterbrochen und hörte mir gar nicht zu. Endlich bekam ich die Adressen der anderen Kinder und Verwandten heraus. Doch gleich beim Klingeln an der ersten Tür wurde mir bewusst, die Nachricht hatte schon alle erreicht. Dieser Ausbruch der Trauer hat mich sehr bewegt, weshalb ich schnell wieder zurück in die elterliche Wohnung fuhr. Ich hoffte, die intensiven Emotionen, die dort sicher immer noch ausbrachen, irgendwie abmildern zu können. Inzwischen waren viele Verwandte der Familie in die kleine Wohnung gekommen und redeten durcheinander, und es kamen immer mehr Menschen hinzu. Jedem einzelnen Neuankömmling musste ich genau erzählen, wie der Unfall passiert war. Sie wollten alles bis ins letzte Detail wissen. Es war ein Weinen und Erzählen in unglaublicher Lautstärke, und ich begriff, dass diese Menschen ihre Trauer gemeinsam erleben wollten, dass sie sie heraus-schreien mussten.

Nur der Sohn fehlte noch. Ich hatte alle immer wieder ge-beten, ihn nicht anzurufen, inzwischen kannte ich die Ver-hältnisse und wollte verhindern, dass er in seinem Schmerz Amok läuft. Doch es war zu spät. Der Sohn stand in der Tür, besser gesagt füllte den Türrahmen bis auf wenige Zentimeter vollständig aus. Ein Kerl wie eine deutsche Eiche und dazu extrem sportlich. Die Nachricht vom Tod seiner Mutter hatte ihn auf seiner Arbeitsstelle erreicht, sofort hatte er sich ins Auto geschwungen. Nun stand er hier und überbrüllte alle: »Meine Mama, meine Mama!!« Dabei guckte er mich sehr merkwürdig an. Ich drückte mich unwillkürlich ein wenig tiefer in das Sofa, auf das man mich platziert hatte, und war froh, dass so viele Menschen im Zimmer waren. Die Augen des jungen Mannes wurden immer größer, und in seiner un-bändigen Wut schlug er mit aller Kraft seinen Kopf auf die Platte des Glastisches. Ich dachte, entweder springt der Tisch in tausend Scherben oder der Kopf platzt. Der Kopf blieb jedoch heil und auch der Tisch sprang nur hoch und wie-der zurück an seinen Platz. Dabei brüllte er wieder: »Meine Mama, meine Mama ist nicht tot!! Das kann nicht sein!! Ich bringe ihn um!!« Dann schaute er mich an und wollte wissen, wer denn seine Mutter auf dem Gewissen habe – ich konnte es nicht sagen. Mit einem Mal stürzte der junge Mann zur Tür. Einige warfen sich über ihn, er jedoch machte eine mächtige befreiende Bewegung mit Armen und Beinen, und seine Freunde, die auch nicht gerade klein und schmäch-tig waren, flogen einfach zur Seite – wie im Film. Mir war doch recht unheimlich zumute. Der Hüne drehte sich um und sprang aus dem Fenster, einfach so aus dem ersten Stock, er hätte sich alle Knochen brechen können. Dann hörten wir nur noch sein Auto aufheulen. Mir schwante, dass er nun zu seiner Mutter wollte, die beim Bestatter lag. Jetzt galt es kühl und schnell zu handeln. Ich rief den Bestatter an, seine Frau meldete sich. Ihr erklärte ich, sie solle sofort die Polizei rufen, ein junger Mann sei unter Schock stehend auf dem Weg zu ihnen, und ich wisse nicht, was er tun werde. Auch ich selbst fuhr ziemlich schnell zum Beerdigungsinstitut, als ich eintraf, war die Polizei bereits ebenso vor Ort wie der junge Mann, der voller Verzweiflung schrie: »Meine Mama, meine Mama! Ich will meine Mama sehen!!« Auch die Frau im Bestattungsinstitut war in dieser dramatischen Lage stark verunsichert, schließlich konnte der junge Mann mit seiner Wut und seiner Kraft möglicherweise die Türen eindrücken, und zu allem Überfluss sollte die Leiche auch noch zur Obduktion abgeholt werden. Laut Gesetz dürfen die Bestatter so lange nichts an den Toten verändern und sie auch nicht zeigen. Nun handelte ich schnell und gegen alle Vorschriften, war sehr direkt und sagte der Bestatterin: »Wenn wir ihm jetzt seine tote Mutter nicht zeigen, dann läuft er wirklich Amok!« Es schien für den Sohn ungeheuer wichtig, sie noch einmal zu spüren, sie zu berühren. Ich sah darin die einzige Chance, die ihn und die ganze Situation zur Ruhe bringen könnte. Inzwischen waren weitere Verwandte vor dem Beerdigungsinstitut eingetroffen, was mir und der Bestatterin, die ich ein wenig mit meinen Forderungen überrumpelt hatte, etwas Luft verschaffte. Wir holten die tote Frau aus der Kühlbox, sie steckte in diesem üblichen grauen Leichensack aus Gummi. Schon allein das Geräusch des Reißverschlusses ist unangenehm. Mir war klar, dass der Sohn zuerst ihr Gesicht sehen musste, nicht die Füße. Also drehten wir die tote Frau noch einmal um. Selbst aufgewühlt standen wir im Raum und konnten endlich den jungen Mann zu seiner Mutter lassen.

Er stürzte regelrecht auf sie zu, berührte sie zärtlich und fiel kurz darauf um, einfach so, auf den harten, kalten Boden. Da lag dieser eben noch wutschnaubende Riese auf der Erde und war bewusstlos. Die Bestatterin rief nach einem Notarzt. Doch die Angehörigen, die inzwischen auch in der Leichenhalle standen, meinten, ein bisschen Wasser ins Gesicht täte es auch. Wir versuchten es und richtig, er kam wieder zu sich und stolperte zu seiner Mutter. Zärtlich streichelte er sie und begriff in diesem Moment, dass seine Mutter wirklich nicht mehr lebte. Diese Verwandlung griff einem ans Herz. Als er das Bestattungsinstitut verließ, brach er endgültig zusammen, seine Familie jedoch fing ihn auf.

Irgendwann wird er sich nur noch an die guten Zeiten mit seiner Mutter erinnern und dennoch ihren Tod akzeptieren. Und dieser Prozess fing genau zu diesem Zeitpunkt an, da er die Möglichkeit hatte, Abschied zu nehmen, und zwar in dieser völlig unorganisierten, keinem Ritual folgenden Form. Er konnte seinen ganzen Schmerz ungehindert herausschreien, seine Mutter noch einmal anfassen. Bei einer Trauerfeier wäre solch ein Abschied nicht möglich gewesen. Eine Trauerfeier ist ein Ritual, das wenig Raum für wirkliche Gefühle lässt. Man beherrscht sich, ist schön angezogen, der offene Sarg steht da, es wird geweint. Hier ist eher die Zeit für Gedanken an den Toten, die Gefühle aber brechen sich vorher Bahn.

Ich lernte an diesem Ereignis, wie wichtig es ist, die Gefühle in dem Moment ausleben zu können, in dem sie einen überkommen. Sie nicht zu unterdrücken, keinen Gefühlsstau zuzulassen. Der junge Mann ist seinem Instinkt gefolgt – unbedingt und mit aller Kraft, und das hat ihm gut getan. In dem Augenblick, da er seine Mutter sah, sie angefasst hatte, begriff er, dass sie tot ist. Genau in diesem Moment konnte

die Versöhnung mit dem Tod, das Begreifen des Unabwend-
baren, beginnen. In diesem Augenblick des direkten Kon-
taktes spürt man, dass hier jemand gegangen ist, der nie wie-
derkommt. Dieses letzte Berühren hilft im Schmerz, obwohl
es zunächst unglaublich schmerzlich ist. Es ist noch einmal
eine intime Begegnung mit dem Verstorbenen, der ja nicht
einfach verschwindet, nachdem er aufgehört hat zu atmen.
Er ist noch Stunden, Tage mitten unter uns; er ist mit uns.
Viele Menschen in unserem Kulturkreis haben Angst vor
dieser allerletzten körperlichen Begegnung, bevor der Mensch
im Grab verschwindet. Aber ich glaube, dass es gut ist, dieses Ritual für sich selbst, für die eigene Seele, zu praktizie-
ren.

Ich habe das auch später noch einmal erlebt, als ein junger
Motorradfahrer aus ungeklärter Ursache wenige Meter vor
seinem Zuhause gegen einen Baum gefahren war und sofort
verstarb. Die Schaulustigen waren schnell zur Stelle. Jemand
sagte mir: Dort sind die Eltern. Wie erstarrt standen sie da,
konnten sich nicht rühren und guckten zu ihrem Jungen. Da
lag das eigene Kind, und sie hatten das Bedürfnis hinzuge-
hen, trauten sich aber nicht. Die Polizei war vor Ort, hatte
ihre Arbeit getan und wartete auf den Bestatter. Aber niemand wagte etwas zu sagen oder zu unternehmen. Da sprach
ich die Eltern an: »Kommen Sie, wir gehen zu Ihrem Sohn.«
Damit holte ich sie regelrecht aus ihrer Erstarrung heraus.
Ganz zaghaft gingen wir, und auch als wir bei ihm standen,
musste ich sie ermuntern: »Fassen Sie ihn an.« Sie waren so
voller Schock. Hätte ich doch in dieser Situation eine Kerze
dabei gehabt! Ein kleines Ritual wäre schön gewesen. Langsam wich die Starre, und sie streichelten ihn noch einmal.

Liebe oder Zeit

Der Tod vollendet das Leben. Es kommt nicht darauf an, wie viele Jahre jemand auf dieser Welt verbracht hat, denn schließlich scheinen es immer zu wenige zu sein. Oder wann ist es denn in Ordnung, wenn jemand stirbt: mit 50, mit 60, mit 70, mit 80? Manchmal scheint mir, dass es sogar Menschen gibt, die der Tod noch »plötzlich und unerwartet« mit 95 ereilt. Ich glaube vielmehr, wenn ein Kind geliebt wurde, es vollkommen in der Liebe war, war auch sein Leben vollkommen. Ich werde oft gefragt, wo Gott ist, wenn der Tod kommt – und je schrecklicher und unbegreifbarer das Sterben ist, desto härter wird diese Frage gestellt, manchmal nicht mehr als Frage, sondern als pure Aggression, als Angriff auf mich in meiner Rolle als Pastor. »Wie kann Gott das zulassen, Herr Pfarrer?« Und dann frage ich mich selbst, woran wir denn Gott eigentlich messen. Ich denke, wir können Gott nur an seinem Wort messen, uns selbst müssen wir aber an unseren Taten messen. Wenn Gott ein Wesen hat, dann ist sein Wesen das Wort und dieses Wort, meint es gut mit uns. Es ist sein Gebot, auf das Wohl und Wehe eines anderen Menschen zu achten, wie auf unser eigenes. Wer betrunken in ein Auto steigt, setzt alle Regeln der Liebe außer Kraft. Man kann dann meiner Ansicht nach nicht fragen, wo Gott ist, sondern muss sehen, dass hier ein Mensch falsch und gegen jedes

Gebot der Mitmenschlichkeit gehandelt hat. Wieso soll Gott dafür verantwortlich sein? Immer gehen Unglücken menschliche Taten voraus, bedingen sie, begünstigen sie – und jeder kann jederzeit Opfer einer menschlichen Tat werden.

Natürlich ist es schlimm, wenn ein Kind stirbt. Aber besteht der Sinn des Lebens darin, alt zu werden? Oder zu lieben und geliebt zu werden? Worin vollendet sich das Leben, in der Liebe oder in der Zeit? Nehmen wir die Zeit zum Maß, endet ein Leben immer zu früh. Ist aber der Mensch geliebt worden und hat er geliebt, dann war es ein vollkommenes und vollendetes Leben, auch wenn dieser Mensch noch sehr jung war. Das will ich der kommenden Geschichte vorausschicken.

Ein kleines Mädchen war beim Spielen im Sand erstickt. Die zuständigen Polizisten überbrachten der Mutter die Nachricht, baten mich aber, zu ihr zu fahren, da sie den Eindruck hatten, die Mutter brauche seelsorgerische Hilfe. Zunächst fuhr ich an den Ort des Unglücks, um ein Bild davon zu haben, wo das Mädchen herumgetollt war, wo es spielte. Weder fröhliches Kinderlachen noch die Hilferufe schwebten irgendwie in der Luft – alles war still. Sand kann so tückisch sein. Ich erinnerte mich daran, wie vor ein paar Jahren zwei Kinder am Strand in den weichen Dünen erstickten. Die Erwachsenen schienen sie nicht gewarnt zu haben, vielleicht kannten sie die Naturgesetze nicht, vielleicht ignorierten sie sie leichtfertig und glaubten, es werde schon nichts passieren.

Als ich die Mutter des jetzt verstorbenen Mädchens antraf, machte sie sich schwere Vorwürfe. Sie fühlte sich schuldig, hatte schon ihr ganzes Leben Angst um das Mädchen gehabt. Erst vor wenigen Monaten waren sie hierher gezogen. In der neuen Umgebung verstärkte sich ihre Sorge um das Kind. Sie wollte immer wissen, was es tat, wo es hinging, mit wem es zusammen war. Froh war sie, wenn sie seine Schritte auf der Treppe hörte, und hatte nur dann das Gefühl, es sei in Sicherheit, jetzt könne ihm nichts mehr passieren. Ich nehme an, Kinder spüren die Ängstlichkeit ihrer Eltern und versuchen instinktiv, mutig zu sein, um die Eltern zu überzeugen, dass ihre Sorgen unbegründet sind. Andererseits glaube ich, dass Mütter einen Ur-Sinn für ihre besonders gefährdeten Kinder haben. Sie spüren, dass für sie das Leben eine besondere Herausforderung ist. Ich habe ähnliche Fälle erlebt. Eine dieser liebevollen Mütter behütete ihren kranken Sohn, der mehrere Operationen hinter sich hatte, wie ihren Augapfel. Als personifizierter Schutzengel spürte sie, dass um ihn herum überall Gefahren lauern, und konnte ihn nicht loslassen. Dann überzeugte sie sich, dass er doch inzwischen groß sei und erwachsen wurde. Und sie erlaubte, dass er mit Freunden an die See fahre. Bei diesem ersten Ausflug ertrank ihr Sohn.

Auch die Mutter des verunglückten Mädchens war besonders vorsichtig. An diesem bewussten Abend kamen Freundinnen, sie klingelten und fragten, ob sie noch ein bisschen spielen gehen könnten. Die Mutter war zunächst dagegen, ließ sich dann aber doch erweichen. Mit dem nächsten Klingeln wurde ihr die Todesnachricht überbracht. Sie fühlte sich sehr schuldig, dieses Mal nicht auf ihren so wachsamen Instinkt gehört zu haben, glaubte versagt zu haben, indem sie das Mädchen gehen ließ.

Wir redeten sehr lange miteinander. Plötzlich hatte sie das ganz starke Bedürfnis, zu ihrem Kind zu gehen. Ich rief bei dem Bestatter an. Der war nicht sehr erfreut, der Leichnam sei noch in dem Zustand, wie man ihn geborgen hätte. Ich war jedoch hartnäckig und bestimmt. Niemand hat das Recht, solch einen Wunsch einem Angehörigen abzuschlagen. Es ist schließlich ihr Kind und nicht sein Leichnam. Erst später wurde mir klar, warum der Bestatter zunächst zögerte: Viele Beerdigungsinstitute haben ganz neue komfortable Häuser, dieses hier aber war mitten in einem Garagenkomplex. Rundherum wurde gearbeitet. Das war kein angemessener Ort für Tote. Ich war schon oft in seltsam umgebauten Gebäuden, die den Bestattern als Arbeitsstätte dienen, in denen sie die Toten für die Aufbahrung »schön« machen. Die Wände sind so dünn, dass man die Vögel zwitschern hört oder auch die Kreissäge des Nachbarn. So hart es auch klingt: Für die Familie ist der Tod ein einmaliges Ereignis, für den Bestatter aber ein Geschäft. Und deren Arbeitsräume sind nicht für die Öffentlichkeit bestimmt, zumal sie davon ausgehen können, dass der Wunsch, die Toten an diesem Ort noch einmal zu sehen, nicht so häufig ist.

Früher wurde der Verstorbene zu Hause aufgebahrt, jeder konnte sich in ruhiger und angemessener Atmosphäre verabschieden. Er wurde von den Angehörigen gewaschen, angezogen, schön gemacht. Erst dann wurde er dem Bestatter übergeben. Heute verschwindet der Mensch, der nicht mehr atmet, sofort aus unserem Gesichtsfeld in den Räumen des Beerdigungsinstitutes. Es klafft für die Angehörigen eine Lücke zwischen dem Verschwinden des Toten hinter seinen Türen und der erneuten Begegnung am offenen Sarg. Dass die Hinterbliebenen so lange ausgeschlossen sind, trifft viele sehr schmerzlich. Man weiß ja, der geliebte Mensch ist leibhaftig noch anwesend, aber man kann nicht zu ihm. Diese Mutter aber hat sich nicht um die Gepflogenheiten gekümmert. Ihr war das Kind wichtig, und nicht der Platz, an dem es lag. Das kleine Mädchen war noch ganz sandig, im Näschen, in den Augen klebten noch feine Körnchen. Ihr Gesicht war blass. So lag sie da und sah ein bisschen so aus, als ob sie wieder aufwachen würde. Wir waren ganz lange allein mit ihr. Die Mutter hat sie gestreichelt, ihr Geschichten erzählt, sie immer wieder angesprochen: »Nun sag doch mal was.« Es schnürte einem das Herz ab, doch ich glaube, diese Begegnung war sehr wichtig für sie. Das Mädchen war vor wenigen Stunden noch lebendig und hatte sie sogar noch etwas genervt mit ihren Bitten, noch einmal rausgehen zu dürfen. Es waren intensive Momente des Abschiednehmens von einem Toten. Man möchte dem Verstorbenen noch ein wenig Gutes tun. Er ist ja noch da. Man hat das unmittelbare Gefühl, bei ihm zu sein, er scheint ja noch zu leben, man kann ihn fühlen. Das ist so wichtig. Durch diese Momente behält man die Toten besser in seinem Leben. Am Totenbett, unmittelbar in diesen Minuten beginnt das Begreifen, dass er unwiederbringlich verloren ist. Für immer und alle Zeit. Später denkt man, gerade wenn ein Kind gestorben ist, gleich käme es zur Tür rein, man rennt andauernd in sein Zimmer, man schaut unter die Bettdecke und fragt sich, warum der Kleine sich nur versteckt? Ein Mensch ist im Gefühl der Hinterbliebenen ja nicht gleich tot, sondern bleibt noch lange Zeit lebendig. Man riecht ihn, schmeckt ihn, spürt ihn auf seiner Haut, seinen Atem, die Berührungen der Hände. Und so prägen sich auch die Stunden ein, da er noch da ist und nur nicht mehr antwortet. Es ist der letzte Abdruck im Gedächtnis, der ein Leben lang bleibt.

Irgendwann bin ich dann mit der Mutter aus dieser unwirtlichen Gegend wieder nach Hause gefahren. Doch ihre zärtliche und hingebungsvolle Art, der Umgang mit ihrem toten Kind ist mir lange im Gedächtnis geblieben. Wieder einmal zeigte sich hier, dass die weitverbreitete Vorstellung, man solle einen lieben Verwandten doch so in seinen Erinnerungen behalten, wie er zu seinen Lebzeiten war, nicht mehr als ein Ausdruck von großer Hilflosigkeit ist. Der Tod ist ein Teil des Lebens, er gehört zu ihm, wie die Geburt. Diesen Satz kennen viele, er wird oft im Munde geführt und gehört gerade bei Trauerreden zu den Standards. Allerdings ist heute aus dem kollektiven Gedächtnis der vorwiegend atheistischen Gesellschaftsteile getilgt, dass das wirklich so ist. Wir mögen den Tod verständlicherweise nicht, und viele haben auch verlernt, mit ihm umzugehen. Um den Satz »Der Tod gehört zum Leben« begreifen zu können, muss man auch mit den Toten umgehen. Und dazu gehört die letzte Begegnung, die letzte Berührung mit dem Verstorbenen. Sie ist das tätige Bindeglied zwischen Leben und Tod. Verweigert man sich dieser letzten Begegnung, klafft eine große Lücke im Gedächtnis an den Menschen, dem man so nahestand. Man kennt ihn nur erzählend, lachend oder weinend – und dann ist da plötzlich nichts mehr. Er ist einfach verschwunden. Um des eigenen Seelenheils willen sollte man sich diese Übergangsmomente hin zum Tod gönnen. Dem Verstorbenen kann man nicht mehr helfen, aber sich selbst kann man damit Gutes tun. Und auch die Angst vor dem eigenen Tod verliert sich dadurch vielleicht ein wenig.

Ich habe dies schon früh in meinem Leben erfahren, als ich meinen Bruder Hans-Christoph sah, der mit sechs Jahren an Kinderlähmung verstorben war. Meine Eltern nahmen uns mit, um am offenen Sarg von ihm Abschied zu nehmen. Ich war damals acht, und es gibt wenige Bilder aus dieser Zeit in meinem Gedächtnis, aber diese haben sich tief eingeprägt: als ich am Sarg stand und mir in die Beine kniff, um weinen zu können. Denn schließlich weinten alle. Ich kniff immer stärker, weil ich dachte, wenn ich mir selbst Schmerz zufüge, kommen die Tränen. Aber nichts passierte. Meine Mutter sagte mir, ich solle meinen Bruder anfassen. Hans-Christoph sah so kalt aus. Ich konnte dort nicht hinsehen, ich hatte Angst davor. Dann schnitt meine Mutter ihm noch eine Locke ab. Es sind so eindrückliche Bilder, die ich bis an mein Lebensende nicht vergessen werde. Und ich glaube, es ist wichtig, diese Bilder zu haben; es war heilsam, dass unsere Eltern auf diesem Abschied bestanden haben. Heute würde man sagen, das kann man Kindern nicht zumuten. Doch man kann es. Sie sollten auch Oma und Opa noch einmal sehen. Sie sind dann nicht einfach verschwunden, irgendwohin. Man ist ihnen wirklich gefolgt bis zum Grab. Es bleibt so keine Lücke, die man nie wieder schließen kann, in unseren Erinnerungen an einen geliebten Menschen. Wir haben ihn im Leben und im Tode gekannt und erlebt. Wir werden begreifen, dass es ein vollkommenes und vollendetes Leben war, egal wie lange es gewährt hat.

Tag der offenen Tür beim Bestatter

Eine überraschende Einladung. Am Tag der offenen Tür beim Beerdigungsinstitut Burchardt sollte ich einen Vortrag über den Tod halten. Natürlich kann ich über den Tod sprechen, war aber im ersten Augenblick doch etwas überrascht, dass es an solch einem Ort überhaupt einen Tag der offenen Tür gibt. Theater, Museen und Unternehmen machen das, aber ein Beerdigungsinstitut? Die Vorstellung, mit einem Sektglas zwischen Urnen und Särgen zu spazieren und zu schauen, wo die Toten für den letzten Weg zurechtgemacht werden, fand ich zunächst etwas absonderlich. Ich sagte dennoch zu, schließlich schätze ich die Arbeit solcher Institute sehr, sie ist für die Hinterbliebenen sehr wichtig und bedarf großen Einfühlungsvermögens. Denn schließlich möchte jeder seinen Angehörigen auch äußerlich möglichst unversehrt in Erinnerung behalten – und nicht als zerquetscht aus einem Autowrack geborgene Leiche. Ich kann mich noch gut an meinen ersten Einsatz als Polizeipastor erinnern, bei dem ich die Achtung vor dem Beruf des Bestatters lernte. Ein Autofahrer war auf die Gegenfahrbahn geraten und frontal mit einem VW-Bus zusammengestoßen. In dem Bus saß eine Gruppe junger Menschen, die jedes Wochenende zusammen loszogen und irgendwo in der freien Natur campten. Als ich eintraf, wurde einer von ihnen gerade zum Hubschrauber getragen, um ins

Krankenhaus transportiert zu werden. Der Beifahrer war eingeklemmt, zwei Stunden lang mühten sich Feuerwehr und Sanitäter, den Mann aus dem Wrack zu bergen – ohne ihm das eingeklemmte Bein noch an Ort und Stelle abnehmen zu müssen. Schließlich gelang es sogar, alle Verletzten waren versorgt. Der Fahrer des den Unfall verursachenden Wagens jedoch war gestorben, aufrecht saß er hinter dem Lenkrad seines Autos. Die Feuerwehrleute schnitten das Dach des Wagens ab und drehten sich alle mit einem Ruck von dem Toten weg. »Das«, so schienen sie sagen zu wollen, »ist jetzt dein Job, Bestatter.« Der war schon vor Ort und hob nun mit seinem Mitarbeiter den toten Mann aus dem Auto in den mitgebrachten Plastiksarg. Erst als Bestatter und Leiche verschwunden waren, machten sich Polizei und Feuerwehr an die Aufräumarbeiten vor Ort.

Ich denke, dass diese Arbeit, mit kalten, manchmal auch verstümmelten Leibern zu hantieren, sie zu waschen und anzuziehen, nicht immer ausreichend gewürdigt wird. Beerdigungsunternehmer sorgen aber nicht nur dafür, den letzten Anblick so friedlich wie möglich zu gestalten, sie helfen auch bei der Auswahl der letzten Dinge für den Toten, welches das letzte Hemd sein soll, welche Urne, welchen Sarg, welche Blumen, welche Musik passend wären. Ich finde es oft schade, dass diese Rituale heute so stark im Wandel begriffen sind. Inzwischen entscheiden sich viele für anonyme Bestattungen, den Friedwald oder das Meer. Es heißt dann, man habe ja keine Kinder in der Nähe wohnen oder wolle niemandem mit der Grabpflege zur Last fallen. Ich rate dann immer, doch bei unserer Kultur zu bleiben, in der es Ort und Grab gibt, wo Trauer sich ausarbeiten kann. Wenn ich will, kann ich als Hinterbliebener dort hingehen und das Grab pflegen, das geschieht öffentlich, ich bin also in meiner Trauer sichtbar, man begegnet anderen

Menschen, nimmt sich wahr und kann sich in seinem geteilten Leid stützen. Friedhöfe sind für mich wunderbare Orte, man geht an anderen Schicksalen vorbei, liest Bibelsprüche oder Daten auf anderen Grabsteinen, wodurch sich das eigene Schicksal zum Guten relativiert. Heutzutage wird Trauer oft privatisiert, gehört nicht mehr allen, wogegen ein Grab auf dem Friedhof für jeden zugänglich ist und der Mensch auch im Tode Teil der Gemeinschaft bleibt. Bei einer Seebestattung gibt es auch keinen Ort der Trauer mehr für die Hinterbliebenen. Gerade für Kinder ist es meiner Ansicht nach besonders schlimm, eines solchen Trauerortes, wie es ein Erdgrab nun mal ist, beraubt zu werden. Auch die Sterbenden selbst, die solche Wünsche nach anonymer Bestattung äußern, haben sich meines Erachtens nach von einer friedlichen Annahme des Todes entfernt, denn schließlich scheint es ihnen nur noch um eine Art Entsorgung ihres Körpers zu gehen, eine Anonymisierung ihres Ablebens.

Hinterbliebene sind heutzutage oftmals mit den Entscheidungen direkt nach einem Todesfall überfordert, hilflos und gehemmt in ihren Gedanken. Ich sage ihnen dann immer ganz offen, dass ich von unserer Friedhofskultur nicht Abstand nehmen würde. Von denen, die ich habe umstimmen können, kam manch einer später zu mir und hat sich für den Rat bedankt. Die Beerdigung ist das Letzte, was man für einen Verstorbenen tun kann, und oftmals ist es auch wichtig, inmitten der Trauer tätig sein zu müssen, Entscheidungen fällen zu sollen. Es ist der erste Zipfel, den man wieder vom Leben, von der Gegenwart fasst. Warum sollen die Menschen, die eine so wichtige Arbeit leisten, sich nicht mal an einem »Tag der offenen Tür« der Öffentlichkeit vorstellen? Nachdem ich also etwas darüber nachgedacht habe, finde ich die Idee gut und hoffe, dass meine Pastoren-Kollegen ähnlich denken. Es kommt auch eine andere Kollegin, die den Angestellten einen Blumenstrauß mitbringt und sich für die Zusammenarbeit mit dem Beerdigungsinstitut bedankt.

Das Bestattungshaus Burchardt hatte vor allem Kunden eingeladen, von denen auch viele kamen. Möglicherweise wollten sie diesen Ort, den sie in Trauer betraten, noch einmal ohne Tränenschleier vor Augen sehen. Im Saal war auch eine Frau, der ich vor einigen Monaten die Todesnachricht von ihrem Mann überbringen musste. Es war die große Liebe gewesen zwischen den beiden, wie füreinander geschaffen hatten sie sich empfunden. Als sie sich, beide um die 50, per Annonce kennenlernten, war er schon seit mehr als zwei Jahren verwitwet, sie war geschieden. Das erste Treffen hatte etwas Surreales: Fröstelwetter im Januar. Auf dem Parkplatz eines Supermarktes stand er mit roten Rosen für sie und sagte kaum ein Wort. Sie wusste beim ersten Anblick sofort: Der ist es! Die beiden gingen spazieren und von Beginn an schnurgerade aufeinander zu. Irene und Norbert hatten Schmetterlinge im Bauch, waren in einer Art glücklich und verliebt, wie man es nur Teenagern zutraut. Sie zog zu ihm, in sein Haus. Die beiden renovierten, räumten zwei Wohnzimmer ein, damit auch ihre Möbel Platz fanden. »Manchmal, wenn wir beim Streichen waren, hielt er einfach inne und küsste mich«, erzählte mir Irene damals. Jeden Tag stand sie am Fenster und beobachtete, wenn Norbert zur Arbeit ging und nach der Arbeit von der Straße in ihren Weg einbog. Dann winkten sie sich schon zu. Und die Schmetterlinge waren immer noch da. Es gab nie ein böses Wort, keinen Streit und viele kleine Aufmerksamkeiten. »Aber irgendwie hatte ich immer Angst, Angst um ihn, dass irgendetwas passieren könnte, es war einfach zu schön.«

Im Mai 2004 heirateten die beiden. Danach blieb ihnen

nur noch ein knappes dreiviertel Jahr gemeinsamer Zeit. Das Haus war fast komplett erneuert, nur die Garage musste noch geweißt werden. Sie war halb fertig. An ihrem letzten gemeinsamen Abend schauten sie fern und saßen dann noch gemütlich zusammen. Am folgenden Morgen musste Norbert wie immer früh raus; im Bett besprachen sie noch den vor ihnen liegenden Tag. Dann ging er, Irene blieb noch ein bisschen liegen und hörte, wie Norbert auch ihr Auto vom Schnee säuberte. Sie sollte keine Arbeit haben. Sie stand auf und sah ihm durchs Fenster hinterher. Ein Abschiedsblick.

Am frühen Nachmittag musste ich an der Tür dieser Frau klingeln, der ich schon früher einmal begegnet war, in Demmin, wo sie in der Kaufhalle als Kassiererin arbeitete. Jetzt öffnete sie mit strahlendem Gesicht und weißer Farbe an den Händen. Ich habe selten ein Haus betreten, das so viel Liebe und Geborgenheit atmete. Jetzt musste ich ihr sagen, dass ihr Mann tot ist. Er starb bei einem Unfall auf seiner Baustelle. Irene weinte und klammerte sich an mich. Sie weinte um das abrupte Ende ihrer Liebe. Es mögen ein oder zwei Stunden gewesen sein, während derer dieses tiefe Weinen nicht aufhörte. Keine Worte, nur diese Tränen. Es war eine sehr innige Form der Trauer, und ich konnte mich ihr nicht entziehen. Sie ergriff mich auf ganz besondere Weise. Wenn ein Mensch mich in einer solchen Situation berührt, gibt er mir auf sonderbare Art etwas von seinem Schmerz ab, steckt mich gleichsam damit an. Noch Wochen danach habe ich ihre Tränen auf meiner Haut gespürt. Sie haben sich in mein körperliches Gedächtnis regelrecht eingebrannt. So etwas kann man nicht löschen, nicht einfach in einem Erinnerungsordner ablegen. Als ich Irene im Saal des Beerdigungsinstitutes sah, erinnerte ich mich sofort.

Damals hatten wir nach einer langen Weile des Weinens

miteinander reden können. Ich erzählte, dass beim Umbau eines alten Hauses eine offensichtlich nicht fest verankerte Wand eingestürzt war und ihren Mann erschlagen hatte. Wir haben lange über diese Liebe, Norbert und die drei schönsten Jahre ihres Lebens gesprochen. Ich rief dann die Kinder an, die in Demmin und Warnemünde lebten, verständigte den Pfarrer in Demmin, der die schlimme Mitteilung ihren Eltern überbrachte. Als Irenes Kinder eintrafen, war meine traurige Mission beendet.

Seitdem sind zwei Jahre vergangen. Irene hat um das Haus, das sie mit so viel Liebe renoviert hat, gekämpft. Doch Norberts Töchter wollten ihr Erbteil, was sie auch verstehen kann. Nun ist das Haus verkauft, in dem sie die glücklichsten Jahre ihres Lebens verbracht hat. Doch sie wird hier in Zinnowitz bleiben, sich eine kleine Wohnung nehmen. Die Gegend und die Nachbarn sind ihr vertraut geworden, außerdem ist hier Norberts Grab. Sie fühlt sich ihrem verstorbenen Mann so nah, hat das Gefühl, ihn zu verlassen, zöge sie in eine andere Gegend. Die Hinterlassenschaft von Toten ist emotional. Sie sind noch lange in den Wohnungen anwesend. Man will nicht loslassen. Bis zu einem bestimmten Zeitpunkt ist das auch gar nicht nötig. Schließlich gehören sie zum eigenen Leben, und dieses Leben kann man nicht verraten. Ich rate Hinterbliebenen jedoch immer, sich ein konkretes Datum vorzunehmen, an dem sie sich von den persönlichen Gegenständen ihres Angehörigen trennen. Denn häufig bekommen diese Dinge sonst etwas Sakrales, da wird ein Rasierpinsel über Jahre nicht bewegt, weil man denkt, den anderen sonst aus dem Leben zu löschen. In solchen Fällen kann das Festhalten am Alten einen Neuanfang behindern. Der Tod des anderen aber ist endgültig, er ist nicht mehr da, man selbst hat aber noch ein Leben zu führen.

Irene hat den Schritt in ein neues Leben geschafft, obwohl

sie vieles an das Unglück erinnert. Sie musste sogar vor Gericht aussagen. Rache oder Genugtuung wünscht sich die Witwe dennoch nicht, Norbert ist tot, das ist geschehen und nicht rückgängig zu machen.

Dieser Weg in einen friedlichen Abschied von der Vergangenheit fiel Irene jedoch nicht leicht. Zu Anfang, nach der Beerdigung und den Beileidsbekundungen hatte sie sich noch stark gefühlt und gedacht, sie könne alles in den Griff bekommen – wie es früher mit Norbert auch gewesen war. Sie fuhr noch einmal zu allen seinen Baustellen und verfolgte seine Arbeitsspuren: die große Treppe in Mellenthin, die Villa »Undine« in Ahlbeck. Einmal waren auch die ehemaligen Arbeitskollegen ihres Mannes zu Besuch. Nur um seinen letzten Arbeitsort hat sie bis heute einen Bogen gemacht. Ihre Kinder waren stolz auf ihre Mutter und lobten sie oft bei kleinen Familientreffen für ihre Stärke. Doch zu der musste sie sich zwingen: Sie wollte unbedingt stark sein, ging nur ganz früh morgens oder spät abends zum Friedhof, damit keiner sie sah in ihrem Schmerz. Erinnerungsfetzen an die Beerdigung begleiteten sie bei jedem Gang, dieser Tag der Trauer und des Abschieds, bei dem sie sich sogar noch Sorgen um ihren Vater machte, der den steilen Anstieg zur Kapelle kaum zu bewältigen schien. Er tat es dennoch aus Achtung für Norbert. Kürzlich ist auch ihr Vater gestorben, nun liegt er neben Norbert begraben.

Ein halbes Jahr später dann hielt Irene den Schmerz nicht mehr aus. Sie aß nicht mehr, weinte beinahe ohne Unterbrechung. Ein Bandscheibenvorfall bewirkte, dass sie sich an manchen Tagen überhaupt nicht mehr bewegen konnte. Sie kam in die Klinik, es folgten Rehabilitationsmaßnahmen und eine psychosomatische Kur in Waren an der Müritz. Hier ging es langsam wieder etwas aufwärts bei Walken,

Töpfern und Keramiken, die Angebote machten ihr Spaß. Irene begann zu malen; einfache, aber ungemein stimmige Motive. Dort lernte sie auch einen Mann kennen, ging mit ihm aus; sie redeten viel miteinander. Eine Freundschaft, die immer noch hält. Zu Hause zu sein fällt ihr allerdings bis heute schwer. Das Radio bleibt aus, da die Musik Irene daran erinnert, dass sie mit Norbert so gern getanzt hat. Ihre Kinder entdeckten für sie Neuland und schenkten ihr einen Computer zum täglichen Email-Austausch und zum Surfen im Internet. Irene hat Spaß daran, so Kontakt mit der Welt halten zu können. Doch kommen auch heute noch diese Momente, wo sie sich ganz ohne Vorwarnung wieder einsam und verlassen fühlt. Vielleicht durch die Erinnerung an ihre erste Begegnung mit Norbert berührt, setzte sie sich so eines Tages zu einer Tasse Kaffee an den Imbissstand vor dem Supermarkt, betrachtete den unwirtlichen Parkplatz und wollte einfach nur allein sein. Das blieb sie jedoch nicht, eine fremde Frau setzte sich zu ihr an den Tisch und begann zu erzählen, sie sehe traurig aus, bestimmt sei ihr etwas Schlimmes passiert. Irene fragte sich, was die Frau das angehe, erfuhr aber schnell, dass die beiden durch das gleiche Schicksal verbunden sind – auch diese Frau hatte vor Jahren ihren Mann verloren. Sie erzählten sich vom Leben, Lieben und dem Tod. Die beiden Frauen freundeten sich an und kennen sich inzwischen so gut, dass sie bei den regelmäßigen Telefonaten schon beim ersten Ton wissen, wie es der anderen geht.

Inzwischen hat Irene viele zarte Fäden gesponnen, mit denen sie sich wieder an das Leben heranzieht. Hier ins Beerdigungsinstitut, wo wir uns wiedergetroffen haben, geht sie jeden Monat – da bietet die Chefin, Frau Burchardt, Gesprächsrunden an. Selten wird über den Tod gesprochen, viel häufiger über das Leben nachgedacht.

Der magische Todesbaum

Es gibt Orte, die den Freitod Suchende förmlich anziehen. Von bestimmten Brücken und Hochhäusern springen immer wieder Menschen in die Ewigkeit – und erleben noch diesen letzten Kick, einmal zu fliegen, frei zu sein, alles hinter sich zu lassen.

Auch bestimmte Straßenbäume besitzen dieses magische Wesen. An manchen häufen sich die Kreuze zum Andenken an die Verstorbenen. Es überfällt einen kurzes Schaudern und Traurigkeit, sieht man als Vorüberfahrender die mit grauem Straßenstaub bedeckten, fahlen Blumen; die scheinbar jämmerlich schluchzenden, vom Wasser ausgezehrten Teddys, deren Ohren und Arme schlaff herunterhängen; die Zettel, die an die Rinde des Todesbaumes gespickt sind. Meist versucht man noch einen Namen auf dem Kreuz des Straßenfriedhofs zu erhaschen. Manchmal fragt man sich noch, wieso gerade dieser Baum den Tod brachte; er scheint nichts Gefährliches an sich zu haben. Die Bäume geben Zeichen für die Angehörigen, für die Neugierigen, die sich an den Unfall erinnern, der vielleicht in der Zeitung gestanden hat – und Zeichen für die potenziell Suizidgefährdeten. Hier an diesem Baum, da hat es schon zwei-, dreimal gekracht, der ist sozusagen eine sichere Bank für mein Vorhaben. Ich denke nicht, dass sich der Verzweifelte das wirklich so vornimmt, aber es passiert oft unterbewusst eben gerade an einem bestimmten Baum. Es gibt Tausende Menschen, die rasen auf Deutschlands Straßen und versuchen zu sterben. Mir haben schon viele Menschen erzählt, dass sie mit einem Todesgedanken zur Arbeit oder nach Hause gefahren sind – aber sie haben es nicht geschafft. Gedanklich war da schon Schluss. Ob solch ein Baum da nicht eine gewisse Sogwirkung hat? Man fährt und sieht, dass es hier ganz gut klappen könnte. Auf einer Fachtagung der Polizei habe ich vom so genannten sympathischen Schießimpuls gehört, der bedeutet, dass wenn jemand schießt, alle anderen auch schießen. Sympathischen Suizid scheint es auch zu geben.

Eines Nachts wurde ich gerufen. Ein Auto hatte sich in einen Baum hineingeschoben. Ein Mann saß hinter dem Steuer, sein Kopf war nicht verletzt, aber er hatte sich beim Aufprall das Genick gebrochen und schwere Brüche an Armen, Beinen und dem Thorax. Die Organe reißen bei solchen Geschwindigkeiten auseinander. Er war tot. Ich fuhr zu seiner Frau. Sie machte die Tür nur einen Spalt auf und wollte mich nicht hineinlassen. Nicht immer werde ich hereingebeten, man will mich oft an der Tür abfertigen. Manchmal habe ich den Eindruck, die Angehörigen begreifen zunächst nicht, wer man ist. Deshalb ziehe ich immer die Uniformjacke an, damit klar wird: Polizei. Dann beginne ich zu sprechen, ohne Floskeln und Umwege. Man kann schlecht sagen: »Ich bin gekommen, um Ihnen die furchtbarste Nachricht Ihres Lebens zu überbringen.« Es ist nicht möglich, für diese Nachricht einen Anlauf zu nehmen. Es gibt nur diese eine, fast brutale Methode, sofort zu sagen: Der und der ist bei einem Unfall tödlich verletzt worden. Ich bitte den Angehörigen mit mir in ein Zimmer zu gehen, sich zu setzen. Manche begreifen sofort, jetzt ist jemand gestorben. Aber ich muss es erstmal aussprechen. Das ist ganz wichtig.

Die Frau war wenig überrascht. Das Ehepaar lebte getrennt, nun war passiert, was niemand gewollt hatte. Sie reagierte mit stillem Entsetzen. Manchmal kann man sofort über den Verlust reden, die Vermutung aussprechen, und manchmal wird diese gleich verdrängt. In ihrem Fall merkte ich sofort, dass ich gehen musste. Vielleicht sollte eigentlich niemand wissen, wie es in den vier Wänden und in den Herzen zugeht. Und ich war auch bei ihr mit der Todesnachricht wieder in die intimsten Räume eines anderen Menschen eingedrungen. Nicht nur die Todesnachricht ist grausam, nein, sie bringt auch noch Geschichten über das Leben ans Licht. Und dieser fremde Mann in Uniform ist der Erstzeuge der Reaktion, der Erste, der hört, was sie sagen und fühlen – und daraus schließen kann, was und warum es passiert ist.

»Selbstmord« oder »Freitod«? In jedem Fall ist es eine bewusste Handlung, die von Geist und Seele gesteuert ist. Man beschäftigt sich sehr lange mit dieser geplanten Tat, immer und immer wieder wälzt man sie hin und her. Es ist eine einsame Entscheidung. Es steht mir nicht zu, darüber zu richten. Sucht jemand möglicherweise den Tod auf der Straße, legt er sein Leben allerdings noch in die Hand des Schicksals, denn vielleicht überlebt er ja auch. Selbstmorde haben oft mit Partnerbeziehungen zu tun, sie sollen oft ein Zeichen, eine Schuldzuweisung sein, nach dem Motto: »Nur du weißt, warum ich das getan habe.« Ich fühle vor allem mit den Hinterbliebenen, die oft jahrelang daran zu tragen haben, wenn sich ein Partner oder ein naher Angehöriger das Leben genommen hat. Sie fühlen sich häufig schuldig. Aber hätten sie es denn wirklich verhindern können? Wann wäre der Zeitpunkt des Eingreifens gekommen: In dem Moment, in dem eine Selbstmorddrohung ausgesprochen wird? Wie viele Gespräche kann man miteinander führen? Woran erkennt man die wirkliche Gefahr? Wann ist die Depression eine behandlungswürdige Krankheit?

Es gibt im Zusammenhang mit Suiziden viel mehr Fragen als Antworten. Manchmal beobachtet man, dass nach vielen Aussprachen die Gefahr gebannt scheint, dass sich alles wieder einrenken wird oder dass der Partner verstanden hat, so und mit ihm geht es nicht weiter. Aber gerade dann, wenn wieder alles ins Lot zu kommen scheint, dann passiert es, dann nimmt er oder sie sich das Leben. Ein Selbstmörder hinterlässt immer eine Schuldzuweisung an die nächsten Angehörigen. Besonders drastisch erscheinen die Schuldzuweisungen, wenn sich Menschen erhängen. Das hat einen öffentlichen Charakter. Hier auf dem Dachboden, im Wald, im Stall oder in der Wohnung findet ihn nicht nur der eine Gemeinte, sondern hier sehen es möglicherweise mehrere Menschen. Die Schuldzuweisung wird öffentlich.

Einen besonders perfiden Fall erlebte ich in einem kleinen Ort. Dort erhängte sich ein Mann im Flur. Er war verheiratet, und das Paar hatte ein gemeinsames Kind. Doch die Beziehung ging in die Brüche, sie zog mit dem Kind aus der gemeinsamen Wohnung. Der Mann nahm sich nicht nur demonstrativ das Leben. Nein, er rief, bevor er das tat, auch noch seinen Sohn an, er solle vorbeikommen und ihm das Zeugnis zeigen. So stand das Kind mit dem Zeugnis in der Hand vor seinem Vater, der tot im Flur hing. Wie kann man nur so grausam sein? Kalte Wut steigt da wohl in jedem auf. Wenn es den Angehörigen trotz allem gelingt, sich selbst klarzumachen, dass man am Tod des anderen nicht schuld ist, dann kann man sein eigenes Leben weiterleben. Man muss sich wirklich immer wieder vor Augen halten: Jeder hat sein Leben, auch wenn es mit anderen eng verbunden ist.

Einmal gelang es mir, einen Selbstmord abzuwenden. Melanie stand auf einer Brücke, bereit zum Sprung. Die Feuerwehr, Rettungsdienst, Polizei alle waren schon vor Ort. Ich wurde gerufen, um die junge Frau von ihrem Vorsatz abzubringen. Wie soll man sie ansprechen, was soll man sagen? Vor allem durfte ich keine Panik ausstrahlen, musste mit fester Stimme sprechen und keine Allgemeinplätze absondern, in der Art: »Das ist doch dumm, was Sie da vorhaben!« Das ahnt derjenige selbst, und er will ja vielleicht reden, vielleicht noch ein Letztes für ihn Wichtiges mitteilen. Ich fing einfach an zu sprechen: »Hallo, hier ist einer, der mit Ihnen reden möchte.« Ich erzählte viel und wusste, dass jedes Wort, was ich sage, auch von den Kollegen gehört wird. Das irritierte mich zunächst, doch dann konzentrierte ich mich ganz auf Melanie, und es gelang mir, alles um mich herum zu vergessen.

Sie begann mit mir zu sprechen, sagte, dass niemand sie ernst nehme, auch die Polizei nicht. Angeraunzt habe man sie und einfach weggeschickt. Man muss sich in solchen Situationen in die Wirklichkeit des Selbstmordkandidaten voll und ganz hineinfühlen, darf nicht widersprechen und keine seiner Gedanken und Gefühle bewerten. Melanie erzählte von ihrem Leben, in dem noch nicht viel Gutes passiert war. Gewalt und Alkohol gehörten dazu. Sie war voller Aggressionen und suchte gleichzeitig Liebe und Anerkennung, doch die wurde ihr immer wieder verwehrt. Ich hörte zu, was sie zu erzählen hatte, und versuchte mich irgendwie in ihrem Leben zurechtzufinden. Das Wichtigste ist, dass der, der am Abgrund steht, Vertrauen entwickelt. Manchmal stockte das Gespräch, dann musste ich wieder einen Draht zu ihr aufbauen. Mitten im Gespräch fuhr ein Kleinbus mit jungen Leuten über die Brücke. Die Jugendlichen schrien: »Spring doch, oder hast du keinen Arsch in der Hose!« Ich war schockiert, versuchte mir aber Melanie gegenüber nichts anmerken zu lassen. Nach wie eine Ewigkeit erscheinenden zwei Stunden, die ich mit ihr auf der Brücke stand, konnte ich endlich zu ihr gehen und sie in die Arme nehmen. Es war auch für mich eine große Erlösung. Doch das Schlimme dabei ist, dass man nur die akute Gefahr des Suizids abwenden kann – das Leben des anderen Menschen kann man nicht verändern.

Wir beide aber gönnten uns, nachdem wir endlich von der Brücke gekommen waren, immerhin noch Pommes und einen dicken Burger. Und mir gegenüber saß eine lockere Melanie, die geradezu fröhlich erzählte. Vielleicht hat Melanie dieses Am-Abgrund-des-Lebens-Stehen als Chance begriffen, ist noch einmal umgekehrt und hat von vorn begonnen.

Ein Abschiedsbrief

Jeder Tod ist endgültig und unumkehrbar. Besonders schwierig ist es für die Hinterbliebenen jedoch, wenn ein Mensch sich das Leben genommen hat, der Tod also scheinbar freiwillig gewählt wurde. Fast immer quälen sich die Trauernden dann mit der Frage, ob sie diese Tat hätten verhindern können. Ich denke, es kann eigentlich keine eindeutige, immer zutreffende Antwort auf diese Frage geben. Oftmals haben Menschen vor ihrem Suizid schon lange im Geiste Konflikte gewälzt und sich mit ihrem möglichen Tod beschäftigt, manche decken sich sogar schon mit allem möglichen Werkzeug vom Strick bis zu Schlaftabletten ein, nur um im entscheidenden Moment sofort gehen zu können. Viele geben ihrer Umwelt in dieser Phase Warnhinweise, die allerdings verstanden und ernst genommen werden wollen. Sie deuten, wenn auch indirekt, an, sich das Leben nehmen zu wollen, werden depressiv und ziehen sich von anderen Menschen zurück. Ich denke, dass es wichtig ist, auf solche Warnhinweise zu hören und den Betroffenen dann auch direkt anzusprechen, ob er überlegt, sich das Leben zu nehmen. Man sollte versuchen, Menschen zu helfen, die das Gefühl haben, mit der Lösung ihrer Konflikte überfordert zu sein. Gelegentlich reicht es, ihnen die Scheu zu nehmen, sich bei Psychologen oder Ärzten Hilfe zu holen – in anderen Fällen, zum Beispiel wenn eine Beziehung ohnehin schon sehr brüchig ist und der Lebenspartner droht, sich das Leben zu nehmen, kann es manchmal auch keine andere Lösung geben, als die Verbindung möglichst friedvoll zu kappen und so Angriffsflächen zu nehmen. Häufig erlebe ich in meinem Alltag als Seelsorger jedoch ein ganz anderes Verhalten: Die Situation wird überspielt und Nachbarn wie Freunden versichert: »Meinem Mann geht es gut, alles bestens.« So ein Verhalten kennt man ja auch von den koabhängigen Alkoholikern, die unter großen Anstrengungen oftmals über Jahre versuchen, die Krankheit des Angehörigen vor dem Umfeld geheim zu halten. Ich glaube jedoch nicht, dass Krankheiten, Selbstzweifel und Unsicherheiten versteckt werden sollten. Sie gehören zum Leben fast jeden Menschens. Scham ist also nicht nötig, auf Hilfe kann jedoch nur hoffen, wer sich öffnet.

Manchmal kann es aber auch passieren, das wir in der Hektik des Alltags zu sehr mit unseren eigenen Problemen beschäftigt sind, so dass wir das Leben mit unseren Partnern und Kindern für selbstverständlich erachten und ihnen nicht mehr zeigen, wie sehr wir sie lieben. Ich erlebe häufig solche Reaktionen bei Hinterbliebenen, denen im Angesicht des Todes einfällt, was sie eigentlich alles noch mit ihrer Ehefrau oder dem Ehemann hätten erleben wollen, was sie ihr oder ihm noch hätten sagen wollen. Seitdem ich als Polizeipastor tätig bin und immer wieder mit dem plötzlichen Abreißen eines Lebensfadens konfrontiert werde, bin ich oft überrascht, wie selbstverständlich viele Menschen die Endlichkeit des Lebens ausblenden, wie wenig sie sich mit dem Tod beschäftigen.

Mit einem Suizid jedoch kann fast jeder nur sehr schwer umgehen; er ist eine tiefe Verletzung für die Hinterbliebenen, ein besonders schwerer Einbruch in ihr Leben. Viele können diesen für sie so plötzlich hereinbrechenden Tod auch nicht begreifen, da sie gerade in der letzten Zeit keinerlei Anzeichen für Probleme erkennen konnten. Denn schließlich ist es oftmals so, dass ein Mensch, nachdem er sich endgültig entschlossen hat, aus dem Leben zu scheiden, und nur noch auf einen passenden Augenblick wartet, meist entspannt und geradezu ausgelassen wirkt. Er hat seine Handlungsfähigkeit wiedergewonnen und glaubt eine Lösung für seine Probleme gefunden zu haben. Ich versuche den Angehörigen von Suizidopfern immer den Gedanken an Schuld zu nehmen und ermutige sie, sich wieder dem Leben zuzuwenden. Denn schließlich ist der Tod für viele Suizidenten eine Art neues Zuhause, das sie sich eingerichtet haben; ein Ort, wo sie Frieden suchten und vielleicht auch fanden. Aber trifft das auch immer zu? Sind Selbstmorde nicht auch pure Verzweiflungstaten?

Vor einigen Jahren wurde ich jedoch zu einem auch mich bis heute erschütternden Suizidfall gerufen. In einem Dorf hatte sich ein Schüler mit Benzin übergossen, angezündet und erhängt. Als die Eltern nach Hause kamen, fanden sie ihren Jungen brennend in der Seilschlinge hängend auf einer Stufe der Flurtreppe. Sofort eingeleitete Hilfsmaßnahmen und die Behandlung in einer Spezialklinik konnten ihn nicht mehr retten, er starb an seinen Verbrennungen. Der Jugendliche hinterließ einen öffentlich gemachten Abschiedsbrief, in dem es unter anderem heißt: »Das hier wird mein letztes Geschriebenes sein, weil ich mich erhängen werde. Mein Leben ist Scheiße. Hauptsächlich, weil mich die großen rechtsradikalen Arschlöcher in meiner Schule andauernd verprügeln.«

Ich fuhr am nächsten Morgen in die Schule des Jungen. Erst vor Kurzem war hier die Schule erweitert worden, mehrere kleinere Einrichtungen waren zusammengelegt, neue

Klassenverbände gegründet und neue Lehrer angestellt worden. Mein erster Eindruck war, dass es auch die Lehrer an solch einer großen Schule nicht leicht haben, immer war dort Lärm, immer Bewegung. Es ist sicher sehr schwer, in so einer Schule ein harmonisches Miteinander aufzubauen.

An diesem Morgen begann ich mit Lehrern und Schülern zu sprechen, die entsetzt und verängstigt von der Tat waren. Sie erzählten mir, was später auch aus den bundesweit berichtenden Medien zu erfahren war. Carsten galt als sympathischer lustiger Junge mit einem Hang zur Hyperaktivität. Bei manchen eggte er mit seinen vielen Erzählungen an – über das wirkliche Problem, von dem scheinbar alle wussten, wurde indes nicht gesprochen: Er wurde von Schülern älterer Klassenstufen systematisch geschlagen. Sie warteten jeden Morgen auf ihn, stießen ihn in den Rücken, boxten in die Magengrube; auch in den Pausen ließen sie ihn nicht in Ruhe. Der Junge schien alles wegzustecken, er kam zwar manchmal mit verweintem Gesicht in die Klasse, aber erklärte dann, er habe sich nur gestoßen. Lehrern gegenüber, die dennoch zu intervenieren versuchten, behaupteten die älteren Schüler, es handele sich lediglich um »normale Rempeleien«. Ein Schüler erklärt mir auch später noch, jeder müsse »schließlich allein auf dem Schulhof überleben«. Auch zu Hause, so erzählten mir andere Schüler, sagte Carsten nichts von seinen Problemen, seine schmutzige Kleidung erklärte er mit »hinfallen«.

Man hört immer wieder von solchem Verhalten, wenn Kinder unter Druck gesetzt, erpresst und geschlagen werden. Sie holen sich keine Hilfe von außen, sondern schweigen; oft machen sie sogar Schulden oder stehlen, um den Schlägen der »Abzieher« zu entgehen. Das Kind kann sich nicht öffnen, da es sich schämt, ein »Opfer« zu sein, und manchmal sogar glaubt, selbst an der Situation schuld zu sein und sich deshalb auch selbst aus ihr befreien zu müssen. Manche erwarten auch schlicht keine Hilfe von Seiten der Eltern oder anderer Erwachsener. Auch Carsten ist nie direkt auf seine Eltern zugegangen. Sein Vater erzählte später in einem Zeitungsinterview, dass sein feinfühliger Sohn eines Morgens am Küchenfenster stand, auf das blühende Feld sah und sagte: »Ist es hier nicht lebenswert?« Dass er darüber nachdachte, sich das Leben zu nehmen, ahnte seine Familie jedoch nicht. Warum, so fragte sich der Vater später, hat er nicht einmal gesagt: »Papa, ich kann nicht mehr.« Wie kann man diese so offen wirkenden und doch verschlossenen Kinder ermuntern, all das Vertrauen anzunehmen, was Eltern in sie setzen? Auch ich habe darauf keine Antwort. Man kann nur versuchen, immer wieder miteinander ins Gespräch zu kommen.

In der Schule versammelten sich Schüler und Lehrer am Morgen nach dem Tod von Carsten und verriegelten die Türen des Gebäudes. Sie hatten nicht nur Angst vor den sie belagernden Medien, sondern auch vor dem Vater des Toten, der Schülern und Lehrern vorwarf, den Tod seines Sohnes zugelassen zu haben. Ich hatte den Eindruck, dass alle ein ungutes Gefühl hatten und eine Auseinandersetzung fürchteten. Plötzlich stand der Vater vor der Schule, eine Fernsehkamera verfolgte ihn. Der Mann war voller verständlicher Wut, immerhin hatte er sein brennendes Kind vom Strick schneiden müssen. Er konnte nicht zu Hause herumsitzen, sondern musste etwas tun; er musste zu der Schule fahren, dem Ort begegnen, an dem sein Sohn so gelitten hatte. Nun stand er vor verschlossenen Türen, das Fernsehteam war bei ihm. Kein Lehrer traute sich hinauszugehen. Schließlich verließ ich die Schule und ging zu ihm. Der Vater glaubte zunächst, ich sei ein Lehrer, und ging entsprechend aggressiv auf mich los. Irgendwann konnte ich ihm verständlich machen, dass ich Pfarrer bin und mit ihm reden wolle. Er sprach von den Rechtsextremen, vom Versagen der Schule und von der scheinbar ungenauen Arbeit der Polizei. Wo sind die Tropfspuren des Benzins, wo ist der Kanister, warum sind keine Fingerabdrücke genommen worden? Waren es Rechte?, fragte er nicht nur mich, sondern später auch öffentlich. Ich konnte ihm in diesem Moment nur zuhören, all seiner Wut ein Ventil bieten. Helfen konnte ich nicht, zumal die Ermittlungen noch im Gange waren. Am nächsten Tag wendete ich mich an den Pfarrer vor Ort und bat ihn, die Beerdigung zu übernehmen.

Ich sah meine Aufgabe primär darin, den Schülern und Lehrern bei der Verarbeitung dieses tragischen Geschehens beizustehen. Niemand hatte mit diesem Ereignis gerechnet. Carsten war zwar in letzter Zeit immer stiller geworden, niemand hatte aber Todesgedanken dahinter vermutet. Kann man den Lehrern dann einen Kollektivvorwurf machen, sie als die großen Versager darstellen? Ich denke, sie durchschauten die Dramatik der Ereignisse nicht und verloren möglicherweise an dieser großen unruhigen Schule den einzelnen Schüler aus dem Blick. Ich vermute, dass Carsten sich lange mit seinem Tod und dessen Art beschäftigt hat. Öffentliche Verbrennungen sind immer wieder als Fanal in die Geschichte eingegangen: der Mönch in Vietnam, Pfarrer Brüsewitz, Jan Palach in Prag. Ob der Junge von ihnen gelesen oder gehört hatte? Ob er sich vorgestellt hat, solch ein mächtiges Zeichen zu setzen, eine Botschaft zu übermitteln? Gegen die Nazis, diesen gewalttätigen Mob, der schon so viel Unheil über die Welt brachte? Das sind Vermutungen, die in den Gesprächen mit Schülern und Lehrern immer wieder geäußert wurden. Die Ermittlungen der Polizei ergaben später, dass sich die entsprechenden Schüler wie Neonazis kleideten, deren Gedanken waren ihnen nicht nachzuweisen. Aber wer kann schon Gedanken nachweisen?

Wichtig war mir bei den Gesprächen, dass Schüler und Lehrer sich auch mit dem Tod konfrontierten. Ich wünschte, dass nicht einfach zum normalen Schulalltag übergegangen wird und Carstens Platz einfach leer bleibt, nach der Devise »Der kommt eben nicht mehr«. Lehrer und Schüler waren nach den öffentlichen Äußerungen des Vaters und den Berichten in den Medien sehr verunsichert. Ich versuchte ihnen in dieser ersten Zeit zur Seite zu stehen und habe sie auch bestärkt, gemeinsam als Klasse mit den Lehrern zur Beerdigung ihres Mitschülers zu gehen. Dabei galt es viele Unsicherheiten aus dem Weg zu räumen. Man überlegte zum Beispiel, ob die Eltern der einzelnen Schüler gefragt werden müssen, ob man so eine Beerdigung den Kindern zumuten könne, da es für einige sicher die erste Begegnung mit dem Tod sein würde. Über allem stand die Befürchtung, vielleicht schon wieder etwas falsch zu machen. Ich glaube, es war ganz gut, dass wir das gemeinsam besprochen und beschlossen haben. Es gehört einfach zu unserem Kulturkreis, dass man eine Beerdigung auf sich nimmt. Aus Anstand nimmt man Abschied, wenn jemand aus dem Arbeitsumfeld, dem Bekanntenkreis, der Straße, dem Haus oder dem Dorf stirbt, und drückt den Hinterbliebenen so sein Mitgefühl aus. Ich spürte auf dem Friedhof, dass diese Begegnung mit dem Tod und der Trauer der Eltern um Carsten ganz wichtig waren. Die Predigt hören, das Hinabsenken des Sarges erleben, den Eltern die Hand geben beim Kondolieren. Da wird der Tod fassbarer. Die Kinder haben viel geweint, ihren Tränen freien Lauf gelassen.

Aber es passierte auch etwas Unvorhergesehenes. Eine der Lehrerinnen, der der Tod sehr nahe gegangen war, die aber ihre Gefühle immer im Zaum gehalten hatte, wollte der Mutter ihr Beileid aussprechen. Die Mutter schleuderte ihr ein klares und deutliches »Nein« entgegen. In dem Moment zerbrach der Schutzpanzer der Lehrerin, sie fing hemmungslos an zu weinen. Vielleicht war es auch erleichternd für die Frau, sich ihrem Schmerz öffnen zu können, aber doch sehr traurig zu sehen, dass die Eltern noch nicht in der Lage waren, Anteilnahme anzunehmen.

Ich habe seither noch oft an diesen Fall zurückgedacht. Er erscheint mir wie ein Buch, das nicht zu Ende geschrieben wurde, wie ein Scherbenhaufen, den man partout nicht mehr geordnet bekommt.

Große Geste am Grab

Ich glaube an den Wert der Vergebung von Schuld. Wer nach einem Schicksalsschlag Zeit und Energien darauf verwendet, nach Schuld zu suchen, gerät meines Erachtens leicht in eine Sackgasse der Einsamkeit. Aus der Vergebung kann hingegen sehr viel Kraft und Mut entstehen, dem weiteren Leben offen zu begegnen, es wieder lebenswert zu gestalten. Ich hatte das Glück, gleich zu Beginn meiner Tätigkeit als Polizeiseelsorger zu erfahren, dass es Menschen gibt, die auch im größten Leid zusammen trauern können, die Schmerz nicht zwangsläufig als etwas Trennendes, Abschneidendes erleben, sondern auch den anderen in seinem Unglück anerkennen.

Es ging um Enrico, ein Kind von 13 Jahren, das an keiner Dummheit, keinem Schabernack vorbeikam. Er war immer fröhlich und quirlig, musste alles ausprobieren und sich austesten. Seine Spontaneität und die Neugier auf das Leben schlechthin machten ihn besonders liebenswürdig. Eines Tages wurde gerade dieses agile und pfiffige Kind ein Opfer seiner selbst. Der Parkplatz eines großen Einkaufszentrums war für Enrico und seine Freunde der ideale Ort, um Rollerblades zu laufen, Kunststücke auszuprobieren, Wettrennen zu starten und waghalsige Mutproben zu absolvieren. Fast schon zum alltäglichen Spaß der Jungen gehörte, sich, ohne dass der

Fahrer es bemerkte, mit Rollerblades an einen Bus zu hängen und eine kleine Anhöhe hinaufziehen zu lassen. Eines Tages wollte Enrico offensichtlich besonders brillieren: Er ließ sich diesen kleinen Berg hochziehen, ließ dann aber nicht los. Der Bus erhöhte jedoch erheblich das Tempo, schließlich war hier eine Fernverkehrsstraße. Enrico ließ jedoch nicht los, vielleicht konnte er auch nicht mehr loslassen, da der Bus einfach zu schnell geworden war. Dann fiel er hin und rollte auf die Gegenfahrbahn, genau vor ein entgegenkommendes Auto. Der Fahrer hatte keine Chance, noch rechtzeitig zu bremsen – Enrico war sofort tot, ein Opfer seines eigenen Übermutes.

Ich überbrachte den Eltern die Todesnachricht, wir saßen lange zusammen. Ich war erst kurz als Polizeiseelsorger tätig und das erste Mal mit solch einem schweren und tragischen Unfall betraut worden. Für mich fühlte es sich an, als stünde ich vor einer massiven Wand, durch die ich nun mit jeder theoretisch möglichen Chance der Trauerbewältigung hindurch musste. In diesem Augenblick rief mich eine Lehrerin von Enrico an, zu der sich sein Unfall bereits herumgesprochen hatte. Sie sagte mir, dass es unmöglich wäre, morgen einfach normal zu unterrichten, es müsse etwas Besonderes passieren! Ich bot selbstverständlich meine Hilfe an. Nachts lag ich, was sehr selten vorkommt, schlaflos im Bett und überlegte, was ich tun konnte, niemand hatte mich auf eine solche Situation vorbereitet. Schließlich räumten wir am nächsten Tag sämtliche Stühle aus einem Klassenraum, breiteten ein großes weißes Tuch auf dem Boden aus, stellten überall Kerzen auf und ein Bild von Enrico.

Auf christliche Symbole und Rituale, wie sie für mich als Pfarrer eigentlich zu solchen Anlässen gehören, verzichtete ich. Denn die Familie, um die es hier ging, war nicht Mitglied der Kirche, und die meisten Kinder der Schule gehörten ebenfalls keinem Glauben an. Ich respektierte dies. Es ist ein Stück christlicher Toleranz. Ich glaube, dass ich meine Arbeit als Polizeiseelsorger nicht bestmöglich erfüllen könnte, wenn ich versuchte, meine persönliche Überzeugung in den Vordergrund zu stellen. Menschen, denen ich eine Todesnachricht überbringen muss, könnten sehr abweisend reagieren, würden sich vielleicht sogar in ihrem Schmerz nicht ernst genommen fühlen, wenn ich als Pfarrer auftreten würde, der ihre Einstellung zu Gott nicht achtete. Ich bin ein neutraler Überbringer furchtbarer Nachrichten, der vielleicht durch seinen Glauben, durch seine Tätigkeit als Pfarrer diese schwere Aufgabe besser ausfüllen kann als gestresste Polizisten. Das war von Beginn meiner Tätigkeit an in der Polizei Konsens und hat sich bewährt. Ich will helfen, doch diese Hilfe nicht zur Missionierung nutzen. Den Weg zu Gott zu finden ist eine sehr persönliche Sache, da kann man als Pfarrer nicht lenkend eingreifen. Man kann höchstens Hilfestellungen in Form von Gesprächen bieten.

Für Enricos Schulkameraden zählte, dass sie eine gemeinsame Art finden konnten, um Abschied zu nehmen, gemeinsam Schmerz und Leid auszudrücken. Zu nicht mehr und auch nicht weniger wollte ich beitragen. Höchst bewundernswert fand ich, dass die Mutter des Jungen unbedingt bei dieser improvisierten Trauerfeier dabei sein wollte. Ich hatte das Gefühl, dass es ihr gut tat, mit den Freunden ihres Sohnes um ihn zu weinen. Die Kinder haben ihre Betroffenheit ausgedrückt und man spürte, dass dieser kleine Draufgänger etwas ganz Besonderes war. Obwohl so viele Tränen geflossen sind, war es eine überzeugende Form des Abschiednehmens. Nach einer Weile ging die Mutter; die Trauer in der Schule entwickelte eine Eigendynamik. Alle Klassen kamen nach und nach in diesen Raum, entzündeten Kerzen und schwiegen. Es war eine Anteilnahme, die aus sich selbst heraus wuchs. Die Kinder waren sehr behutsam an diesem Tag, es war still in den Schulfluren – kein lautes Schreien, wie es sonst üblich war, erfüllte die Pausen. Alle waren an diesem Tag von der Stimmung, die von dem weißen Raum ausging, gefangen. Wir gingen dann noch gemeinsam an den Unfallort. Ein Kreuz war schon am Straßenrand aufgestellt worden und nach gut einer Stunde stand es in einem riesigen Blumenmeer.

Mich beschäftigten nicht nur die Schüler, die damit klarkommen mussten. Mich beschäftigte auch der Autofahrer, der den Jungen überrollt hatte. Wie musste es diesem Menschen gehen? Mit welchen Gefühlen schlug er sich herum? Ich suchte Kontakt zu ihm, wir kamen ins Gespräch. Der Mann fragte sich unentwegt, warum ihm das passieren musste, warum ausgerechnet er der Fahrer war, dem Enrico vor die Räder fiel. Aber die belastende Frage nach der Schuld ist fast nie zu klären. Dennoch quälen sich gerade die offensichtlich Unschuldigen mit Selbstvorwürfen, die oftmals jede Möglichkeit eines rationalen Gedankens überlagern. Bis der Betroffene wirklich begreift, dass er keine Schuld hat, sondern es ein Unglücksfall war, braucht es seine Zeit. Der Fahrer hoffte, in den Gesprächen mit mir seinen Schmerz und seine Betroffenheit zu mildern. Ich brachte ihn auf die Idee, die Eltern des Jungen zu besuchen und nicht nur per Karte sein Mitgefühl auszudrücken. Auch er wollte sich gerne zeigen, sich der Situation stellen und mit dem Schmerz der Eltern konfrontieren. Nachdem ich die Eltern gefragt hatte, gingen wir mit einem Blumenstrauß zu ihnen. Ich glaube, es war für beide Seiten eine sehr wichtige Begegnung. Die Eltern litten bei diesem Treffen, aber sie sahen auch den Mann leiden und verstanden, dass es hier nicht um Schuld ging.

Der Autofahrer und ich gingen auch gemeinsam zur Trauerfeier. Wir warteten vor dem Trauerraum. Die Eltern hatten für ihn einen Stuhl reserviert. Eine große Geste, doch er mochte sie nicht annehmen, nicht die familiäre Trauer stören. Auf dem Weg zum Friedhof gingen wir als Letzte. Als wir ihn erreicht hatten, kam jemand aus der Familie zu uns und bat ihn, nach vorn zu kommen. Vater und Mutter nahmen ihn in ihre Mitte und gingen so gemeinsam zum Grab.

Sie schenkten ihm mit dieser Handlung das Leben wieder, sprachen ihn frei und ließen ihn wieder frei atmen, denn auch er hat sich unendlich gequält. Solch eine Stärke der Hinterbliebenen, sowohl der Eltern als auch des Fahrers, habe ich bislang noch nie wieder erlebt. Enricos Eltern, denen es gelungen war anzuerkennen, dass niemand Schuld am Tod ihres Sohnes hatte, schafften es auch, gemeinsam wieder ins Leben zurückzufinden.

Kein Mut zur Versöhnung

Sonntags war ich wie meistens mit meiner Familie unterwegs, wir machten einen Ausflug zum nahen Badesee. Wolfram, mein Jüngster, war damals erst zwölf, wir spielten zusammen Fußball, redeten und genossen das gute Wetter. Aber diesen Ausflug konnte ich nicht bis zuletzt genießen, mein Handy klingelte. Ich wurde zu einem Unfall nach Greifswald gerufen.

Ein Paar war auf der Rückreise von der Love Parade in Berlin gewesen. Kaum zehn Minuten trennten es noch vom Zuhause seiner Mutter, die über das Wochenende auf Töchterchen Elisa aufgepasst hatte. Das Ortsschild »Greifswald« schon vor Augen, überholte ein Auto, ein anderer Fahrer sah es nicht und setzte ebenfalls zum Überholen an. Die beiden Fahrzeuge berührten sich, der Wagen mit Dörte und Raphael wurde gegen einen Baum geschleudert. Raphael hatte zunächst noch einen schwachen Puls, Dörte war so schwer verletzt, dass sie innerhalb weniger Minuten am Unfallort starb. Auch Raphael schaffte es nicht. Auf der Rückbank ihres Autos war ein Kindersitz montiert. Die Kollegen fragten sich, wo das Kind war, ob es beim Aufprall herausgeschleudert worden war. Dörte hatte zwar auf die Frage nach dem Kind leicht den Kopf geschüttelt, aber hatte sie auch wirklich verstanden? Die Beamten suchten fieberhaft, aber das Kind schien wirklich nicht im Auto gewesen zu sein. Der Fahrer des anderen Autos blieb unverletzt.

Es war ein heißer Tag, Frau Siebrecht lag im Bikini auf ihrer Terrasse. Sie hörte die Sirenen von mehreren Krankenwagen und dachte noch, dass es diesmal einen besonders schlimmen Unfall auf der nahen B 96 gegeben haben musste. Ihre Enkelin Elisa hielt Mittagsschlaf. Frau Siebrecht rechnete damit, dass die Kinder bald aus Berlin zurück wären, sie dann noch gemeinsam einen fröhlichen Nachmittag verleben würden.

Statt ihres Sohnes und der Schwiegertochter stand dann ich vor der Tür. Gerda Siebrecht öffnete fröhlich im Bikini, wie hätte sie mit mir rechnen sollen? Ihr Blick versteinerte sich, als sie mich in meiner Polizeijacke sah. Sie wusste sofort, dass etwas Furchtbares passiert sein musste. Sie warf sich schnell einen Bademantel über und setzte sich mir gegenüber in den Sessel. Dass der Tod ausgerechnet an so einem blauen, friedlichen Tag ins Leben springen kann, schien auch mir unfassbar. Warum passierte es gerade heute, warum traf es gerade diese beiden jungen, schönen Menschen? Es gibt keine Antwort auf solche Fragen. Ein Gespinst von Zufällen verknüpfte sich wieder einmal zum tragischen Schicksal, das wiederum das Leben vieler Menschen ganz stark veränderte. Mit einem Mal kann sich ein so heller Tag zum schwärzesten aller Tage verdüstern.

Wir haben im heutigen Mitteleuropa nicht mehr dieselbe Nähe zum Tod wie noch vor einhundert Jahren. Damals erkrankte ein Kind zum Beispiel an Diphtherie und starb daran. Kommt heute jemand ins Krankenhaus, rechnet man fest damit, dass er geheilt wird. Die Medizin hat solche Fortschritte gemacht, man kann Herzen, Nieren und Mägen verpflanzen, beinahe jede Krankheit scheint heilbar. Die Vorstellung vom Tod verflüchtigt sich so leicht aus unserem Bewusstsein. Wir leben in einem abgesicherten Status, für alles, so scheint es, gibt es eine Versicherung, und das bestärkt unser Gefühl, sicher zu sein. Alles scheint irgendwie machbar, wir haben uns in regelrechten Machbarkeitsstrukturen eingerichtet. Unglück passt nicht mehr in unser Weltbild. Und wenn es doch passiert, sind wir ohnmächtig und absolut hilflos, manchmal werden wir auch aggressiv. Wenn etwas passiert, das nicht im Lebensplan vorgesehen war, wollen wir es nicht wahrhaben. Aber unser Sicherheitsgefühl ist trügerisch, wie man es beim Autofahren immer wieder erleben kann. Man steigt in dieses mit Metall ummantelte Gefährt, ausgestattet mit allen möglichen Airbags, die Sicherheit suggerieren. Man startet und spürt die Geschwindigkeit gar nicht mehr, merkt nicht mehr, dass man eigentlich fast wie eine Rakete durch die Luft schießt. Niemand würde mit vollem Anlauf gegen eine Wand rennen, aber im Auto bewegt man sich vielleicht mit 100 km/h auf der Straße, befindet sich eigentlich in höchster Gefahr und fühlt sich trotzdem sicher. So kommt es, dass man Unglücken ohnmächtig gegenübersteht. Später sucht man dann nach Zeichen, nach Ankündigungen für diesen Tag des Unglücks, aber das ist müßig.

Gerda Siebrecht zum Beispiel deutete später den Strauß aus Trockenblumen, den ihr Raphael zum Muttertag geschenkt hatte, als ein Signal. Denn ihr Sohn hatte gesagt: »Da hast du länger etwas davon!« Auch hatte er ihr mal einen Artikel über verwaiste Eltern zum Lesen gegeben und am 30. Geburtstag seiner Schwester scherzhaft gesagt: »Ich werde keine 30.« Aber waren das wirklich Zeichen? Sind es nicht eher Strohhalme in die Vergangenheit? Man durchsucht das Leben der Toten nach Anzeichen für ihren bevorstehenden Tod. Vielleicht ist es Trost, wenn man annimmt, dass sie selbst ihr Ende ahnten und es den Angehörigen sogar schon mitteilten. Wie mystisch die späteren Konstrukte auch klingen mögen, sie sind Teile des Narbengewebes, das sich in der Wunde bildet, die der Tod bei den Hinterbliebenen hinterlässt.

Wenn ein Lebenskreislauf so plötzlich erlischt, stellt sich gleich die Frage, ob es Vorsehung war, eine Bestimmung außerhalb unseres Bewusstseins? Dieser Gedanke ist immer und unauslöschlich vorhanden. Ich denke, er gehört zur christlichen Religion, die einen starken Prädestinationsgedanken hat: Es ist dem Menschen bestimmt, Dinge zu tun und zu lassen, es ist ihm auch bestimmt zu sterben. Also ist der Tod kein Zufall, sondern Bestimmung. In diesem Bewusstsein kann man sicher solch ein Unglück leichter annehmen. Fasst man dieses »Es ist Dir bestimmt« aber im Kontext von Vollendung auf, dann ist es sogar etwas sehr Positives. Losgelöst von diesem vielleicht tröstlichen Gedanken der Vollendung hat Bestimmung auch etwas sehr Fatalistisches. Solch ein Fatalismus baut nicht auf, im Gegenteil fördert er Resignation, in die sich ein Mensch völlig zurückziehen, die ihn zerfressen kann wie ein Krebs. Der Tod verletzt die Lebenden schwer, er stürzt wie ein Stein auf sie, erdrückt sie fast, macht sie innerlich handlungsunfähig, indem er die Seele aufschlitzt. Hart, schnell und kompromisslos. Weil der Tod ohne Zwischentöne ist, gibt es auch keine Möglichkeit, davon diplomatisch oder schonend Mitteilung zu machen. Ich wünschte manchmal, es gäbe eine Art und Weise, mit Todesnachrichten sanfter umgehen zu können. Aber es gibt sie nicht. Es muss die ungeschminkte Wahrheit, gleich und sofort sein.

Ich sagte also Gerda Siebrecht, dass es einen schweren Unfall gab und ihr Sohn Raphael und seine Freundin Dörte dabei gestorben sind. Ich musste sofort nach dem Kind fragen und der Polizei melden, dass es gefunden war. Dann blieb ich zwei, drei Stunden bei ihr. Die Mutter erzählte mir von Raphael, der sein Abitur nachgemacht hatte und Jura studieren wollte. Mit 18 zog er in seine eigene Wohnung, hatte bei den Eltern aber noch ein Zimmer. Sie erzählte die schöne Liebesgeschichte von Raphael und Dörte und von ihrer Freude über die kleine Elisa, die nun nie mehr Geschwister haben würde. Gerda Siebrecht machte einen äußerlich sehr gefassten Eindruck, sie ist eine starke Frau, die über zehn Jahre ein Eiscafé in Greifswald führte, es später dann wegen einer Krankheit aufgeben musste. Diese Frau, dachte ich an jenem schlimmen Sommertag, wird mit dem Tod fertig, sie weiß instinktiv, wie man sich aus diesem tiefen schwarzen Loch, das er reißt, in kleinen Schritten wieder ans Licht arbeitet. Ich bewunderte sie schon jetzt dafür.

Auch mit dem Kind gingen die Großeltern offen um und sagten dem zweijährigen Mädchen noch am selben Tag und gerade heraus, dass ihre Eltern tot sind. Man muss Kinder ernst nehmen, sie dürfen nicht belogen werden. Vermeintlich gut gemeinte Hilfskonstruktionen, wie Auslandsaufenthalt oder Ähnliches, stürzen unweigerlich eines Tages zusammen. Die Personen, die sie, wenn auch in guter Absicht, belogen haben, werden unglaubwürdig. Sie haben das Vertrauen auf ewig verspielt. Kinder verdienen Achtung, und sie verkraften die Wahrheit. Elisa wächst nach diesem Unfall bei den Eltern von Dörte auf, zu Siebrechts kommt sie regelmäßig zu Besuch. Wenn die Oma heute beim Ertönen von Martinshörnern immer noch zusammenzuckt, dann streichelt ihr Elisa die Hand.

In den Wochen direkt nach dem Unfall begab sich Gerda Siebrecht auf Spurensuche. Sie wollte wissen, wer an ihrem Leid Mitschuld trägt, genau erfahren, wie Dörte und Raphael gestorben waren. Eine Krankenschwester, die in ihrer Nachbarschaft wohnte, war am Unfallort. Raphael war hinter dem Steuer eingeklemmt gewesen, die Ärzte hatten versucht, ihn aus dem Wagen zu bekommen. Es gelang ihnen nicht schnell genug. Gerda wollte wissen, ob er sich gequält hat. Sie besorgte sich die Polizeiunterlagen mit den Unfallfotos, was nicht einfach war. Und sie wollte den Mann kennenlernen, der am Unfall beteiligt war. Wenn junge Menschen sterben, will man wissen, wer war der andere, der mein Kind in den Tod gerissen hat? Man will ihm in die Augen schauen. Möglicherweise rührt der Wunsch auch daher, dass man einfach ein Bild haben möchte von demjenigen, der am Leid Mitschuld trägt. Es war dieser kleine weiße Fleck, den es galt, im Leben von Raphael und Dörte noch zu tilgen. Ich war mir sicher, dass Gerda Siebrecht keine Rachegedanken hatte und ihn auch nicht beschimpfen wollte. Sie wollte einfach nur wissen, wer er ist, was er denkt, wie das passieren konnte. Eine solche Begegnung kann zum inneren Frieden beitragen, weshalb ich froh war, dass sie dieses Treffen mit ihm wollte, denn auch mein Credo ist, dass egal was passiert, irgendwann eine Versöhnung möglich sein muss.

Auch dieser junge Mann ist traumatisiert, er wollte nicht, das Dörte und Raphael sterben. Es war ein Unfall, den auch er sein Leben lang nicht vergessen wird. Nie wieder wird dieser junge Mann so unbeschwert glücklich sein wie vor diesem Ereignis. Immer und immer wieder wird er von den Minuten, die auch ihn verändert haben, träumen. Fährt er an der Unfallstelle vorbei, dann stehen die schrecklichen Bilder auf. Er wollte das doch nicht und ist ein Mensch, der einen Fehler gemacht hat. Keiner macht so etwas mit Absicht. Er ist nicht nur Täter, sondern er ist auch Opfer seiner eigenen Tat. Er muss diesen Unfall verarbeiten, muss verarbeiten, dass zwei Menschen durch sein Mittun gestorben sind. Es ist nichts rückgängig zu machen, es ist auch nichts wiedergutzumachen. Diese Begegnung mit den Eltern der Verstorbenen hätte vermutlich auch ihm helfen können. Die Hinterbliebenen können und werden ihn nicht entschulden, aber vielleicht kann er danach mit seiner Mitschuld besser umgehen. Ich stellte mir vor, dass man über diese Dinge redet, möglich, dass man zusammen weint. Es wäre für alle schrecklich, aber eine Chance.

Also lud ich die Eltern von Dörte und Raphael und den jungen Mann auch gemeinsam mit seinen Eltern ein. Nichts sprach gegen ein versöhnliches Gespräch. Aber es wurde eine Katastrophe. Die Familie der Gegenseite wähnte sich offensichtlich in einer Gerichtsvorverhandlung. Hatte sie Angst, dass alles, was jetzt gesagt würde, gerichtlich relevant wäre? Der Sohn sagte kein Wort, kein »Es tut mir leid«, kein Wort an die verwaisten Eltern. Nichts. Nach einer halben Stunde brach ich dieses unwürdige Treffen ab. Es war eine unversöhnliche Versöhnung.

Gerda Siebrecht war schockiert über diese Begegnung, aber sie wurde damit fertig. Kränkender als dieses Zusammentreffen empfand sie das Urteil des Gerichts, dass zwar die Mitschuld feststellte, aber dem jungen Mann lediglich die Fahrerlaubnis entzog und eine Geldstrafe verhängte. Nach wenigen Monaten bekam er den Führerschein zurück, weil er ihn dienstlich brauchte. Solch milde Strafen sind für die Eltern der Verunglückten ein Schlag ins Gesicht. Doch Gerda schafft auch das, glaubte ich.

Aber was bedeutet Strafe? Was ist eigentlich ein Menschenleben wert, die Frage hat sich Gerda Siebrecht auch gestellt. Es gibt ja keine Wiedergutmachung, nichts kann die Menschen wieder lebendig machen. Sicher meinen viele Hinterbliebene, dass der Tod irgendwie gerächt werden müsse. Aber wir leben nicht mehr im Mittelalter. An die Stelle dieser persönlichen Rache ist längst die Strafe getreten, und die bezieht sich allein auf die Tat. Ziel ist es, dem Täter einfach eine Zeit der Besinnung zu geben, ihn dazu der Freiheit seines Handelns zu berauben. Viele Menschen verlangen deutlich höhere Strafen. Einer verlangt vielleicht die Todesstrafe, ein anderer zwanzig Jahre Gefängnis, einem Dritten erscheint aber auch schon eine Entschuldigung angemessen. Man muss Strafe – und das ist für Hinterbliebene schwer zu verstehen – losgelöst von ihren Gefühlen betrachten. Eine Strafe, egal wie sie ausfällt, wird den Angehörigen niemals Genugtuung bringen und ihr Verlangen nach Rache niemals befriedigen. Die Strafe richtet sich ausschließlich an den Täter; der Staat stellt sich so zwischen Opfer und Täter, was ein hohes Gut der Gesellschaft darstellt, wie ich finde. Viele behaupten dann, für den Täter werde alles getan, die Opfer würden hingegen alleingelassen. Sie kommen über den Verlust eines Menschen nicht hinweg, der Täter kann in sein Leben wieder einsteigen. Aber ist das wirklich so? Ich bin der Überzeugung, dass es den meisten Tätern nicht gut geht. Gerade bei Verkehrsdelikten sitzen ja keine Berufsverbrecher am Steuer. Jedes Opfer muss sich auch fragen: In wie vielen Situationen habe ich schon Glück gehabt, hätte mir nicht auch so etwas passieren können? Die Täter haben auch Familien, sie haben sich etwas aufgebaut. Will man dies wirklich rückhaltlos zerstören? Das sind schwierige Fragen. Ein Täter bleibt in jedem Fall innerlich ein Leben lang Täter, wie die Opfer Opfer bleiben. Und ebenso, wie die Schuldigen mit dem Vorgefallenen fertig werden müssen, müssen dies auch die Opfer mit ihrem Verlust tun. Sie müssen versuchen, damit fertig zu werden und wieder ins Leben einzusteigen. Das ist schwer, aber machbar.

Gerda Siebrecht erkennt heute in ihrer Enkelin viel von ihrem Sohn. Elisa werde ihm immer ähnlicher. Jeden Abend zündet sie für Raphael und Dörte eine Kerze an, das ehemalige Zimmer ihres Sohnes ist ihr Heiligtum, in dem nur Elisa schlafen darf. Gerda hat inzwischen drei Jobs, sie hilft in einem Schuhgeschäft, putzt bei einem Rechtsanwalt und betreut Kinder. Die Beschäftigung lenkt sie ein wenig von ihrem Leid ab, hilft ihr, unter Menschen zu kommen. Direkt nach dem Unfall war sie zunächst noch vor Menschen geflüchtet, wollte niemanden hereinlassen, der zum Kondolieren vorbeikam. Gerda wollte niemanden sehen, mit niemandem sprechen. Sie spürt heute noch die Druckwelle, die sie an die Wand schleuderte, als sie ihren toten Sohn aufgebahrt zum letzten Mal sah. Die Stunde der Trauerfeier gehörte zu den schmerzhaftesten ihres Lebens. An die 400 Bekannte, Verwandte und Freunde waren gekommen, um Abschied zu nehmen. Ich hielt die Predigt, sprach Worte aus dem alten Testament: »Alles hat seine Stunde. Für jedes Geschehen unter dem Himmel gibt es eine bestimmte Zeit.« Und das die Zeit zum Weinen und die Zeit zum Klagen nun den Eltern bestimmt sei, aber auch die Zeit zum Behalten sei uns gegeben. Viele der Trauergäste weinten, nur bei Gerda hielt der Schmerz die Tränen fest; bis heute kann sie nicht weinen. Die Trauerfeier nahm sie aber so sehr mit, dass ein Notarzt kommen musste, um ihr eine Spritze zu geben. An dem Leichenschmaus konnte und wollte sie nicht teilnehmen, zog es vor, allein zu sein mit ihren Erinnerungen an Raphael.

Acht Wochen verharrte sie in dieser absoluten Selbstisolation. Dann ging sie wieder arbeiten, schuftete bis zu 13 Stunden täglich bei einem Bäcker. Sie wurde krank, eine Kur sollte helfen. An jedem Wochenende verließ sie die Klinik, um zum Grab der Kinder zu gehen. Dort hat die Familie zusammen mit Freunden ein künstlerisch gestaltetes Monument errichtet, auf dem persönliche Botschaften hinterlassen werden können. Das Grab ist Gerdas Ort der Zwiesprache. Nicht jeder respektiert diesen für sie so wichtigen Platz, schon mehrfach sind Blumen geklaut und die Steinfiguren beschädigt worden. Montags fuhr sie damals wieder zurück zur Kurklinik, die sich speziell mit Trauernden befasst. Aber in der Trauergruppe waren »Opfer« von Scheidungen, von Mobbing. Sie fühlte sich mit ihrer Trauer um den toten Sohn dort fehl am Platz. Auch die angebotenen Beschäftigungen, Basteln und Töpfern, kamen ihr eher albern vor. Gerda hielt die Kur tapfer durch, verharrte aber in ihrem Trauerzustand. Dann riet ihr die Hausärztin, es mit einem Psychologen zu versuchen. Doch bei den ersten drei Besuchen wollte der nur über ihre Kindheit sprechen, die Hinterbliebene verstand den Sinn dahinter nicht und brach auch diese Behandlung ab. Einzig die von der Ärztin verordneten Antidepressiva brachten ein wenig Licht ins Dunkel. Ein ganzes Jahr lebte sie ein Leben, von dem sie das Gefühl hatte, sie nehme nicht daran teil, stehe neben sich.

Ich gebe ihr schließlich den Tipp, es mit dem Verein »Verwaiste Eltern« zu versuchen. Auch hier ist sie scheu und skeptisch. Doch hier sind Leute, die ihre Schmerzen kennen und fühlen. Sie beginnt, über Raphael zu reden. Fast zwei Jahre nach seinem Tod begreift sie allmählich, dass er gestorben ist. Da lacht sie plötzlich zum ersten Mal wieder und erschrickt furchtbar darüber. Doch die Gespräche helfen ihr. Auch Freunde von Raphael kommen regelmäßig zu Besuch. Man spürt, er wird nicht vergessen und man selbst wird es auch nicht. Raphael wird wieder fast lebendiger Teil der Familie. Es wird über ihn gesprochen, bei Familienfeiern, im Alltag. Viele verwaiste Eltern möchten über die Kinder reden, so bleiben sie ein Teil vom Leben. Es ist schlimm, dass sie tot sind, aber wenn sie noch totgeschwiegen werden, ist es noch viel schmerzlicher. Wenn die Erinnerungen übermächtig werden, dann holt Gerda die Unterlagen über den Unfall heraus und schaut diese Fotos vom zerquetschten Auto an, auf denen sie auch ihren toten Sohn sieht. Sie weiß nicht warum, glaubt aber, dass ihr dieser Anblick hilft, mit dem Abschied fertig zu werden. Gerda kommt wieder besser ins Leben, natürlich hilft ihr Elisa dabei.

Gerda und ihr Mann kaufen sich ein Motorboot, um den Sonnenaufgang auf Hiddensee betrachten zu können, dabei ein wenig der Seele Freiraum zu geben, was für sie beinahe so etwas wie eine Therapie ist. Die Gruppe der verwaisten Eltern gibt ihr Kraft, so viel Kraft, dass sie, als sie die Traueranzeige von David Kokot in der Zeitung liest, zum Telefonhörer greift und bei den Eltern anruft. Sie weiß genau, wie es ihnen in diesen Tagen geht und welche Berge an Schmerz sie noch zu bewältigen haben. Sie bietet ihre Hilfe an und erzählt von der Gruppe der verwaisten Eltern. Kokots kommen später auch dorthin, bis sie für sich einen anderen Weg der Schmerzbewältigung wählen.

»Man muss sich«, so sagt Gerda Siebrecht, »einen Platz für die verstorbenen Kinder in seinem Leben schaffen. Man wird sie und die Ereignisse nie vergessen, aber so kann man lernen, besser damit umzugehen.«

Verwaiste Eltern

Als ich einmal an der Güstrower Polizeischule ein Seminar über die verschiedenen Weltreligionen abhielt, klingelte mein Handy. Am anderen Ende meldete sich eine Frauenstimme: »Hier ist Kokot. Sie haben meine Schwester getraut, erinnern Sie sich?« Ehrlich gesagt, erinnerte ich mich nicht. »Können Sie kommen? Können Sie unseren Sohn beerdigen?« Sofort ging es nicht, aber am Wochenende machte ich mich auf den Weg.

David Kokot, 16 Jahre alt, war mit dem Motorrad gegen einen Baum gefahren. Er war nicht sofort tot, erst im Krankenhaus ist er an seinen inneren Verletzungen gestorben. Es war ein schöner Tag, man hatte gemeinsam im Garten gegrillt. David wollte mit Freunden ins Kino nach Greifswald fahren, die Eltern tanzen gehen. Im Kino gab es keinen vernünftigen Film, also machte der Sohn sich auf zu seinen Freunden nach Kemnitz. David war ein hübscher und umgänglicher Junge, der auch mal im Streit vermitteln konnte; alle mochten ihn. Mädchen interessierten ihn noch nicht besonders, das hatte noch Zeit. Doch ein Mädchen aus dem Nachbarort wollte ihn unbedingt zum Freund. Sie war noch sehr jung, für ihr Alter aber erstaunlich weit, und sie wusste um Davids Schwäche für Zweiräder. Er war gerade dabei, den Führerschein zu machen. Das Motorrad, das er mal fahren würde, stand schon in der Garage der Eltern, es sollte ihr Geschenk zum Geburtstag sein. Das Mädchen aber hatte sich an diesem Abend den Schlüssel zum Motorrad ihres Vaters besorgt, eine tolle Maschine. Schon Tage vorher hatte sie David – den Brief fanden die Eltern später – einen Liebesbrief samt Foto der Maschine geschickt. Der 16-Jährige konnte der Verlockung, diese Maschine zu fahren, nicht widerstehen. Sie machten sich ohne Sturzhelm auf den Weg, nahmen die wenig befahrene Landstraße, geradeaus, eine leichte Linkskurve und wieder zurück – und wieder diese Linkskurve. David konnte die Maschine nicht halten. Vielleicht stieß er seine Beifahrerin in der Gefahr noch vom Gefährt? Sie lag auf der Straße, rund vier Meter von David entfernt, und war am Knie verletzt, er aber wickelte sich geradezu um den Baum. Die Maschine flog meterweit ins Feld.

Die Eltern hörten die Polizei und die Krankenwagen Richtung Kemnitz fahren, dachten aber nicht an ihren Sohn. Hier passiert schließlich öfter mal etwas. Gerade wollten sie zum Tanzen losgehen, als der Pfarrer des Ortes vor der Tür stand und ihnen sagte, dass ihr Sohn einen schweren Unfall hatte, aber lebt. Kokots fuhren ins Krankenhaus, die Mutter suchte vorher sogar noch nach der Krankenkassen-Chipkarte ihres Sohnes. Eine Gruppe sehr ernster Ärzte empfing sie. David war schon tot, er kollabierte im Krankenwagen. Die Mutter schrie ihren Schmerz heraus und wurde prompt vom Chefarzt zurechtgewiesen, sie solle »nicht das ganze Haus zusammenschreien«. Doch sie konnte gar nicht anders. Immerhin fragten die Ärzte, ob die beiden ihren Jungen noch mal sehen wollten. David war nicht entstellt. Die Mutter ging zuerst und dachte, er lebe ja noch; flüsterte ihm zu, sie sei nun bei ihm. Doch sie begann schon zu begreifen, dass er tot war. Ein Küsschen vermochte sie ihm nicht mehr zu geben. Der Vater blieb in der Tür stehen und schaffte es nicht, den Weg zum Bett seines toten Kindes zu gehen.

Kokots wohnten die nächsten beiden Tage bei ihrer Schwester, einer Hebamme, die David mit auf die Welt geholt hatte und die von mir getraut worden war. An Schlaf war nicht zu denken, dauernd überlegten sie: »Wir müssen nach Hause, David wartet. Wir müssen ihm Frühstück machen.« Die Gedanken ließen sich nicht ordnen. Es war schwierig, den Großeltern von Davids Tod zu berichten, der Junge hatte ihnen so unendlich viel bedeutet. Kokots gingen wieder zurück in ihre Wohnung, bemühten sich um einen geregelten Tagesablauf, aber fragten sich, wofür es sich überhaupt noch lohne, weiterzuleben. Am nächsten Tag bekam René Kokot eine Nierenkolik und musste ins Krankenhaus. Immerhin erholte er sich schnell von dem akuten Schock, es warteten diverse Behördengänge. Als Allererstes hieß es, sich auf den Weg in das Bestattungshaus zu machen. René brachte seinem Sohn das Kuschelkissen, seine Lieblingssachen und die Turnschuhe dorthin. David sollte sie auf seinem letzten Weg tragen.

Von diesen ersten Tagen nach dem schrecklichen Unfall erzählten mir Kokots, als ich sie vor der Beerdigung besuchte. Und sie erzählten mir von David, vom Garten, von den Kois, die René Kokot züchtet, von den Großeltern und den Freunden. Immer wieder schauten sie zur Tür, ihr Sohn müsste doch jetzt kommen. Morgens hörte Margitta noch immer die leisen Atemgeräusche ihres Jungen, wenn sie in der Küche beim Frühstück saß, machte dann das Radio an, doch es half nicht. Diese Stille ist für Hinterbliebene immer schrecklich, man kann das Radio oder den Fernseher noch so laut drehen, Selbstgespräche führen – es bleibt diese Stille.

Ich als Seelsorger hörte einfach zu und schwieg. Und ich

spürte, dass sie einen Menschen suchten, dem sie Davids Beerdigung wirklich anvertrauen konnten. Ich konnte mich diesem Vertrauen nicht entziehen und kam ihrem Wunsch nach. Immer wieder aber stand auch der Name des Mädchens im Raum. Der Vater sagte ganz freimütig, dass er sie hasse und umbringen könne. Die Eltern wollten alles wissen, alles einsehen. So fuhr ich zur Polizei, sah die Unfall-Unterlagen für sie ein und nahm Kontakt zum Seelsorger des Mädchens auf, das mit seiner Familie ebenfalls betreut wurde.

Es ist eine Zeit her, dass David gestorben ist. Kokots leben immer noch hier am idyllischen Rand von Greifswald, es gibt die Kois noch, der japanische Garten ist um ein imposantes Teehäuschen erweitert. Margitta arbeitet als Altenpflegerin. Sie haben sich ein Segelboot gekauft und versuchen, wieder ins Leben zurückzufinden. Ihre Fröhlichkeit haben sie jedoch verloren, es wird für die Eltern nie wieder so ein Leben sein wie mit David. Sie sind in den Jahren andere Menschen geworden. Ihre Trauer haben sie jedoch verschieden gelebt. René Kokot war vor dem Unfall ein engagierter, lebenslustiger Typ. Er arbeitete die Woche über auf Montage. Nach dem Tod seines Jungen brach er völlig zusammen, konnte sich nicht mehr konzentrieren, auch sein Körper spielte nicht mehr mit. Immer nur reden wollte er – jeden Tag haben sie über David gesprochen. Er sank immer tiefer in seine Depression. Margitta Kokot wollte stark sein, sie ging wieder ins Altenpflegeheim zur Arbeit, wo sie auch regelmäßig mit dem Tod konfrontiert wird. Letztlich war sie dort lieber als zu Hause, wo ihr trauernder Mann und der tote David auf sie warteten. Einkaufen, Wäsche waschen – alles war eine Qual. Was würde David essen wollen? Wo ist sein Lieblings-T-Shirt? Sie hielt sich tapfer, aber sie sah, wie ihr Mann ohne Halt aus dem Leben zu driften schien. Beide beanspruchten für sich, ungebremst trauern zu dürfen, beide erinnerten den anderen mit jeder Geste und jedem Blick an den toten Sohn.

An diesem Punkt trennen sich verwaiste Eltern oft, sie fallen in ein tiefes Loch und verlieren auch den Lebenspartner für immer. Kokots wollten dies nicht. Deshalb ging René in eine Tagesklinik, wo er psychologisch betreut wurde und mit anderen zusammen viel Zeit verbrachte. Andere Freunde und Verwandte verschwanden langsam aus dem Blickfeld der Eheleute. Denn Umgang mit der Trauer anderer fällt den meisten Menschen sehr schwer, sie sind verunsichert und wissen nicht, wann man wieder lachen darf und über das alltägliche Leben reden. Viele Menschen ziehen sich deshalb auch aus Hilflosigkeit bald von den Hinterbliebenen zurück. Um nicht in Isolation zu verfallen, fassten sich Kokots ein Herz und gingen zum Verein »Verwaiste Eltern«. Hier konnte man reden und hören, wie es anderen ging, wie sie mit ihrer Trauer umgingen. Doch bei aller Gemeinsamkeit kam es den beiden doch so vor, als sei es etwas anderes, wenn man ein Kind plötzlich bei einem Verkehrsunfall verliert, als wenn es durch Selbstmord oder durch eine schwere Krankheit stirbt. Kokots versuchten immer wieder den Unfall zu rekonstruieren. Sie sprachen mit der Polizei, nahmen schließlich selbst in das Protokoll Einsicht, gingen zum Unfallarzt, der als Erster bei ihrem Sohn war, redeten lange mit ihm, wollten wissen, ob David lange hatte leiden müssen. Der Arzt hatte viel Verständnis für die Situation der Eltern, die jedes Detail beschrieben haben wollten, obwohl sie es kaum aushielten. Doch dieses Alles-wissen-Wollen ist Balsam für die Seele. Nichts sollte ungeklärt bleiben, auch wenn es schwer ist.

Schließlich wollten die verwaisten Eltern auch die Begegnung mit dem Mädchen und deren Eltern. Ein schwerer Entschluss, doch sie glaubten, es müsse sein, um Frieden zu finden. Sie wollten diesem Mädchen ins Gesicht sehen, die Eltern hören. Als der Tag des Treffens schließlich kam, konnte René nicht mitgehen. Seine Frau machte sich allein mit dem örtlichen Pfarrer auf den Weg zum Gemeindehaus, dem vereinbarten Treffpunkt. Die Eltern erschienen ebenfalls in seelsorgerischer Begleitung, das Mädchen selbst kam jedoch nicht. Die Eltern gaben zu, dass ihre Tochter am Tod von David Mitschuld trug; ein Satz, der in Margitta Kokot zumindest ein bisschen Ruhe hervorrufen konnte. Als einen Schlusspunkt empfand sie das Treffen jedoch nicht, fragte sich weiterhin, warum ihr Junge dieses Schicksal erleiden musste. Vielleicht, so meinte sie, steckt sogar ein Lebensplan oder gar ein Fluch der Familie dahinter. Schließlich hatte ihr Bruder seinen Sohn ebenfalls im Alter von 16 Jahren bei einem Motorradunfall verloren. Die Trauerfeier für David fand am Todestag des Cousins statt. Ein Mysterium.

Kokots nahmen Kontakt auf zu einem Heiler, der ihnen ein bisschen Druck von der Seele nahm und Frieden brachte. »Ein Anruf genügt, und er bringt wieder ein wenig innere Ruhe in mein Leben«, beschreibt Margitta die Wirkung. Komplett vom Alltag abschneiden konnten sich die Eheleute nicht; das äußere Leben ging weiter. Sie organisierten den Umzug der Eltern, mussten sich mit der Versicherung arrangieren, renovierten ihre Wohnung und machten den Garten wunderschön. Auch das neue Segelboot ist toll. Doch immer wieder stellen sie sich die Frage, was David dazu sagen würde. Würde er sich ein bisschen lustig machen über das neue Hobby der Eltern oder würde er begeistert sein? Immer wieder kommen Schübe der Erinnerung und der Trauer. Manchmal denkt Margitta Kokot, dass es kalt sei, und David doch frieren müsse. Dann ist sie kurz davor, ihm eine Decke ans Grab zu bringen. So tief und irrational sitzt der

Schmerz. Sein Kinderzimmer haben die Eltern bislang nicht angerührt. Jeden Morgen wird vor Davids Bild die Kerze angezündet.

Ich glaube, dass verwaiste Eltern darauf achten müssen, sich nicht immer wieder ins Zimmer ihrer toten Kinder zu flüchten – denn es ist eine Flucht ins Leid, schließlich ins Selbstmitleid und hinaus aus dem Leben. Es fühlt sich vielleicht zunächst so an, als ob die verstorbenen Kinder Trost spenden. Leiden kann aber so zum Lebensinhalt werden. Dann denken die Hinterbliebenen, ihnen sei so Furchtbares zugestoßen, dass sie leiden müssten. Sie empfinden dann alles, worüber man sich freut, als Verrat an den Toten. Lachen sie, kommt sofort die innere Ermahnung, doch eigentlich traurig sein zu müssen. So kann Leid beinahe zu einem neuen Lebenselixier werden. Doch dabei verglimmt der Mensch. Ganz langsam verlieren sich dann alle sozialen Kontakte, denn wer nicht wieder anfangen kann zu leben, ist irgendwann auch für Freunde unerträglich. Kokots kämpfen dagegen an – und doch bleibt da ein offener Punkt: das Mädchen. Schon oft hat Margitta Kokot den Telefonhörer in der Hand gehabt. Sie möchte sie fragen: »Warum hast du das getan?« Noch ist es nicht so weit, aber Kokots sehnen diese Begegnung herbei – für ihren Frieden. Ich werde sie dabei begleiten.

Das verwaiste Ehepaar zieht sich aber trotzdem wieder ins Leben. Für René gab es plötzlich eine neue berufliche Perspektive in Dänemark. Nun fährt er wieder wie vor Davids Tod in der Woche zur Arbeit, kommt unter Leute und kann das Hier und Heute wahrnehmen. Für mich ist es wunderbar, von solchen Entwicklungen zu erfahren. Es ist so wichtig, sich ab einem bestimmten Augenblick wieder aktiv dem Leben zuzuwenden, sich wieder für die Umgebung zu öffnen.

Man muss diesen Augenblick spüren, ihn erkennen. Dann ergeben sich manchmal Dinge, mit denen man nie gerechnet hat, die niemand geahnt oder vorausgesehen hat. Da werden wieder Türen und Fenster aufgestoßen – und es wird ein bisschen freier um Herz und Brust.

Heiligendammer Gedanken

Selig sind die Friedfertigen, denn sie werden Gottes Kinder heißen.« Ich hatte diese Worte Jesu zum Thema des Gottesdienstes in der Rostocker Marienkirche gewählt, und ich predigte sie vor den Polizei- und Sicherheitskräften, die wenige Stunden später hier, in dieser Stadt, ihren ersten Einsatz für den Heiligendammer G8-Gipfel haben würden. Hunderttausend Demonstranten waren angekündigt, Kritiker und Gegner eines Globalisierungsprozesses, der unsere Welt für immer verändert. In der Kirche saßen Menschen vor mir, die das politische Gipfeltreffen zu schützen hatten – und auch sie bewegte die Frage: Wie gestalten wir diese Zukunft? »… es bedarf keiner Satellitenfotos, um das Übel zu durchschauen, die Schande der Armut, des Hungers, der Ungerechtigkeit und des Rassismus, um die Verheerungen zu sehen, die Kriege oder der Raubbau an der Natur hinterlassen. Die Worte, die Jesus von Nazareth an einem Berge Galiläas gesprochen hat, genügen bereits, um das Übel der Welt zu durchschauen … Die Seligpreisungen im Kopf, sind wir immer auf der richtigen Seite, auf der sicheren Seite des Handelns. Sie in Kraft zu setzen, wo andere sie außer Kraft setzen, sie zu bejahen, wo andere sie verneinen, an sie zu erinnern, wo andere sie vergessen, bleibt auch uns, den Sicherheitskräften in vielen Situationen unbenommen …«.

Heiligendamm und der G8-Gipfel – schon Monate vor

dem Treffen der wichtigsten Staatschefs war die Stimmung angespannt. Wie würde es werden, wenn so viele, so verschiedene Protestler in den Norden kämen? Die Polizei erarbeitete sich ein Sicherheitskonzept, das Deeskalation hieß. Spezielle Konfliktmanager sollten für ein sicheres Gefühl sorgen, 20 Polizeiseelsorger aus dem ganzen Land begleiteten den Einsatz. Der Gottesdienst, von dem mir viele später sagten, dass er ihnen ein gutes Gefühl gegeben habe, war so etwas wie Kraftschöpfen für die kommenden Tage.

Langsam füllte sich am Tag der Rostocker Demonstration, dem 2. Juni, die Stadt mit Menschen. Die Busse rollten an, die Gipfel-Kritiker entfalteten ihre Banner und Plakate, manche Polizisten halfen ihnen dabei. Der Hauptbahnhof schien dauerverstopft, so viele Menschen kamen. Die Demonstration war gewaltig groß. Sie war sehr lustig und zugleich sehr ernst. Die Polizei hielt sich zurück, nur an neuralgischen Punkten zeigte sie deutlich Präsenz. Die Menschenmasse wälzte sich durch die Stadt, mal blähte sie sich auf, mal zog sie sich zusammen. Ich bewegte mich am Rand und war plötzlich umgeben vom sogenannten schwarzen Block. Rund 1000 Leute sollen es gewesen sein, die sich in zwei Gruppen aufgeteilt hatten. Wie waren sie in den großen bunten Zug gekommen?

Schon Stunden später wusste jeder, der nicht dabei war, was man hätte tun müssen. Das finde ich anmaßend, wer kann schon so viele Menschen kontrollieren, sie führen? So mitten unter den vermummten, schwarz gewandeten Menschen zu stehen, ließ doch Unbehagen in mir aufkommen. Ein bedrohliches Gefühl. In so einer großen Menschenmasse kann man schon Angst bekommen, weil man nicht ahnt, welche Kräfte, vor allem welche irrationalen Kräfte sich hier entwickeln. Als die ersten Steine Richtung Sparkasse flogen, ließ die Polizei sich nicht provozieren. Ein Sachschaden, schlimm, aber kein Angriff auf Leib und Leben.

Was genau sich später bei der Abschlusskundgebung zutrug, kann ich nicht sagen, denn ich war nicht mehr dabei. Aber die Gerüchte zogen Gerüchen gleich durch die Stadt. Es war wie beim Kinderspiel »Stille Post«. Jeder Fakt, jedes Halbwissen nahm seinen eigenen Lauf und veränderte sich bis zur Unkenntlichkeit.

Tatsache ist, jemand hatte Feuer gelegt, und die Steine flogen nun in Richtung der Polizisten. Ich habe später Helme von Kollegen gesehen, die zersplittert waren. So ein Stein ist ein ungeheures Geschoß, es kann töten. Politische Motive waren da nicht erkennbar, es schien wie pure Lust zur Gewalt – und die erzeugt Zwang zur Gewalt. Das Konzept der Polizei sah eigentlich anderes vor, übrigens ein gemeinsames Konzept, mit den Gipfelgegnern ausführlich besprochen und beidseitig akzeptiert. Doch nun müssen sich Menschen, die mit friedlichen Absichten gekommen sind, plötzlich ihrer Haut wehren. Sie sind im Kessel, da fliegen Steine, Polizisten und Demonstranten schlagen aufeinander ein. Sich dazwischen zu stellen und zu sagen: Nun hört doch endlich auf! – das ist nicht machbar. Es ist eine verzwickte Problematik.

Wenige Tage nach dem Gipfel erlebte ich eine aufschlussreiche Diskussion: Eine Familie hatte es sich gründlich überlegt, mit kleinem Sohn und Baby nach Rostock zur Demo zu fahren, um ihrem Protest gegen die Politik der Großen dieser Welt Ausdruck zu verleihen. Sie fühlten sich durch die Polizei geschützt, zu Recht. Doch dann gerieten sie in eine Gewaltszene, und niemand konnte ihnen wirklich helfen.
Aber war es überhaupt klug, mit kleinen Kindern nach Rostock zu fahren? Reicht es, wenn Eltern Kindern die Telefon-

nummer in den Handteller schreiben und ihnen sagen, wenn wir uns verlieren, geht zu einem der netten Polizisten? Hier bin ich sehr rigoros: Wer sich nicht selbst wehren kann, wird unglaublicher Gefahr ausgesetzt. Ich habe eine junge Frau mit einem Baby im Tuch scheinbar unbekümmert in einer Menge, auf die Wasserwerfer gerichtet waren, hin und her laufen sehen und sie vergeblich auf die Gefahren für ihr Kind aufmerksam gemacht. Es ist zum Glück nichts passiert. Aber muss man sich wirklich dieser Gewalt aussetzen? Ist es das wert? Das frage ich mich. Natürlich hat jeder ein Recht zu protestieren. Doch gerät man in einen Strudel, ist es müßig, die Frage zu stellen, was gerecht und was ungerecht ist.

Oder eine andere Situation: Junge Männer hatten eine Straße erobert. Der Sinn ihrer Aktion war unklar, aber sie verwehrten anderen den Durchgang. Die Polizei sicherte gewissermaßen deren Tun ab und sorgte dafür, dass nicht noch mehr Unfug hinzukam. Die jungen Männer beschimpften die Beamten aufs Übelste. Die Worte trafen Familienväter, Menschen in Uniform, die hier ihren Beruf ausübten. Und niemand stand auf und sagte den Jungs: Nun haltet doch mal die Klappe! Nein, hier wurde verbale Gewalt einfach hingenommen.

Mir scheint, dass die Gruppe der Gipfelgegner die Gewalt nicht für sich definiert hat. Wie sehr kann die demokratische Kultur belastet werden? Heißt Gewalt erst Gewalt, wenn es um Leib und Leben geht, möglicherweise der Tod eines anderen billigend in Kauf genommen wird? Oder beginnt Gewalt nicht schon viel früher, durch verbale Verletzungen der Würde des vermeintlichen Gegners? Es zählt doch auch zu den groben Verletzungen des Miteinanders, wenn man Hilfe für andere gefährdet. So geschehen bei der Blockade einer Versorgungsstraße, die nach mehrmaliger Ankündigung der Polizei mit Wasserwerfern geräumt werden musste. Der Kampf, ja, es war ein Kampf, wogte hin und her – drei Stunden. Da ging es um Sieg oder Niederlage, das hatte nichts mehr mit Kritik zu tun, die war schon lange vergessen. Mein Gott, muss das sein? Diese Frage kam dann schon in mir hoch.

Aber reden hilft. Das erlebte ich selbst. Irgendwann war mein Auto von Demonstranten in einer Sitzblockade eingekeilt, ich musste jedoch dringend weg. Was tun? Ich sprach sie an, erklärte. Sie ließen sich von Worten überzeugen und öffneten mir eine Gasse.

Mit »meinen« Polizisten konnte ich während dieser Tage nur wenig reden, sie waren im Tunnelstress der Ereignisse, und die freien Stunden nutzen sie zum Schlafen. Doch irgendwann werden sich Gespräche über diese Tage ergeben.

Direkt von Heiligendamm aus fuhr ich nach Köln zum Kirchentag. Welch ein anderes Bild! Tausende, vor allem junge Menschen beteiligten sich an den Diskussionen, in denen es auch hier um die Härten der Globalisierung ging, sie bekundeten durch Beifall ihre Zustimmung oder durch Schweigen ihre Ablehnung der vorgebrachten Argumente. Es war eine ganz andere Sprach- und Protestkultur, Frieden und Offenheit beherrschten die Szenerie, man hatte Freude aneinander, es zählten nicht nur die eigenen, sondern auch die Argumente der Gegenseite. 120 000 Menschen saßen friedlich auf den Rheinwiesen und feierten einen Gottesdienst.

»Selig sind die Friedfertigen; denn sie werden Gottes Kinder heißen.« Es sind nicht die besseren Menschen und auch nicht die besseren Argumente, es ist nur besser im Sinne von Jesus: im härtesten Streit auch auf die Versöhnung zu setzen.

Polizeiseelsorger –
ein Pfarrer in Uniform

Ich wohne in Groß Kiesow, das zirka 15 Kilometer südöstlich von Greifswald mitten in den Feldern liegt. Den wuchtigen Kirchturm des Ortes sieht man aus allen Himmelsrichtungen. Die Kirche selbst ist ein frühgotischer Bau aus Feld- und Backsteinen, erbaut im 13. Jahrhundert; ringsherum stehen hundertjährige Linden. Ich liebe diese Atmosphäre des Alten, Vertrauten und Schönen. Hier kann ich mich erholen und bekomme etwas Abstand von den oft aufwühlenden Erlebnissen meines Alltags als Polizeiseelsorger. Die Kirche und die Gemeinde sind mein Refugium, wo ich Halt und Heimat finde; hierhin kann ich mich zurückziehen, um die Bilder von Tod und Trauer zu verarbeiten. Das Innere der Kirche haben wir zusammen mit Künstlern unserer Zeit Schritt für Schritt umgestaltet. Von Licht durchflutet steht im Chorraum der aus Eichenbalken zusammengezimmerte Altar in Form eines wuchtigen Kreuzes, daneben der Taufstein, eine mannshohe Stele aus Granit mit fließendem Wasser, dahinter hoch aufragende, baumartig geschmiedete Leuchter. Im Kirchenschiff befindet sich ein Denkmal für die Opfer der Kriege, ein Kreuz aus verbranntem Holz mit tief in Kreuzesform eingeschlagenen eisernen Spitzen, an der Wand zum Chorraum eine aus sechs Tafeln bestehende Wachsapplikation »The light is comming in the dark«. Alle Teile sind auf das Wesentliche reduziert und regen den Betrachter zum Nachdenken an. Während der Gottesdienste brennen Kerzen an den Bankreihen, üppig gesteckte Blumen finden sich in einer eigens für diese Kirche entworfenen Großkeramik. Die Kirche, so von Gegenwartskünstlern gestaltet, ist eine Auseinandersetzung mit den heutigen Glaubensfragen. Ich denke, man fühlt sich auch als Nichtchrist von diesem angenehmen Kirchenraum angesprochen.

Das lang gezogene Pfarrhaus duckt sich unter die Bäume. Hier sind die Gemeinderäume untergebracht, das Büro und natürlich auch meine Wohnräume, wo ich seit 30 Jahren lebe und diese Räume, diese Kirche mitgeprägt habe.

Auch mein Vater und ein Großvater waren schon Pastoren. Meine Eltern haben 1943 geheiratet. Damals studierte meine Mutter noch Medizin und musste mit dem Arbeitsdienst nach Herzfelde, wo sie den Dorfpastor, meinen Vater, kennenlernte. Ein Jahr später wurde das erste Kind geboren, mein Bruder Friedrich, der ebenfalls Theologe wurde. 1947 und 1948 kamen weitere Geschwister, 1949 wurde ich geboren, 1951, 1953 und 1956 meine jüngeren Geschwister. Vielleicht war es für meine Eltern eine Art Wiedergutmachung am Leben, in den Notzeiten nach dem Krieg so viele Kinder zu bekommen. Materiellen Wohlstand kannten wir als Kinder auf jeden Fall nicht, es wurde gespart, wo nur möglich. Dennoch habe ich meine ersten Jahre in glücklicher Erinnerung. Manchmal lagen wir alle zusammen im Bett meiner Eltern, der Vater erzählte uns Geschichten. Genug Unfug habe ich allerdings auch angestellt. Einmal bekam ich ein Feuerwehrauto geschenkt und beschloss, es sofort zu nutzen. Auf das Auto stellte ich einen Eimer Wasser, zog in die Scheune und entfachte ein Feuer. Leider klappte es mit dem Löschen dann doch nicht wie erwartet, meine Eltern mussten mich in letzter Sekunde aus dem brennenden Schober retten.

Einer meiner Brüder, Hans-Christoph, starb mit nur sechs Jahren. Meine Mutter kam damals aus dem Krankenhaus in Stendal zurück und sagte: »Hansi ist jetzt im Himmel.« Das war für mich eine ausreichende Erklärung, damit konnte ich etwas anfangen. Er war nicht verloren, er war nicht verschwunden, er war eben nicht mehr bei uns. Ich glaube, ich kam als Kind schnell darüber hinweg. Dass wir uns am offenen Sarg von ihm verabschiedet haben, halte ich für sehr wichtig. Überhaupt schaffte es meine Mutter durch ihre allzeit präsente Liebe, die Familie zusammenzuhalten und jedem Einzelnen von uns Kindern das Gefühl von Geborgenheit zu geben. Obwohl wir so viele waren, verteilte sie ihre Zeit und Aufmerksamkeit so geschickt, dass niemand das Gefühl hatte, zu kurz zu kommen – auch nicht sie selbst. Erst aus heutiger Perspektive kann ich sehen, wie entspannend es ist, wenn jemand auch einfach mal schmutziges Geschirr stehen lassen kann, weil ein Plausch mit der Nachbarin anliegt. Meine Mutter hat ihr Leben lang viel und hart gearbeitet, uns aber nie vermittelt, sie würde darunter leiden. Stattdessen konnte sie genießen und viel geben; wenn einer von uns einen Wunsch hatte, schaffte sie es, den trotz der beengten Bedingungen stets zu erfüllen. Als Jugendlicher wollte ich zum Beispiel unbedingt eine Norweger-Jacke haben. Wochenlang strickte meine Mutter daran, und ich war sehr stolz, als ich das Stück endlich anhatte! Inzwischen ist eine Art Familienerbe daraus geworden: Da Mode in manchen Bereichen stillzustehen scheint, läuft meine Tochter jetzt in dem Norwegerstrick herum.

Später wohnten wir in Werben, eine inzwischen tausendjährige Stadt, die wohl bedeutendste und nördlichste Residenz des Johanniterordens im Mittelalter und Sitz der Kompturei samt riesiger Kirche und großem Pfarrhaus, in das wir nun einzogen. Die Sonntage waren Familientage, wir tranken lange gemeinsam Kaffee, hatten meist Gäste und spielten anschließend im Wohnzimmer Mühle, Dame oder Mensch ärgere dich nicht. Hier war es immer gemütlich und warm, denn im Pfarrhaus wurden nur das Wohnzimmer, die Küche und das Arbeitszimmer des Vaters beheizt. Gemeinsames Spielen, aber auch Bücher und politische Diskussionen waren in unserer Familie sehr wichtig. Die Abendnachrichten »Das Echo des Tages« vom Nordwestdeutschen Rundfunk verpassten wir nie. 1956 fand der Aufstand in Ungarn statt, und meine Eltern glaubten wie so viele, seine Niederschlagung würden sich die Amerikaner nie gefallen lassen, es werde Krieg geben. Mein Vater verließ eine Weile nicht das Haus aus Angst, verhaftet zu werden. Denn irgendjemand hatte zu dieser Zeit die Nasen von Wilhelm Pieck und Otto Grotewohl aus den Wahlplakaten geschnitten, und mein Vater wurde beschuldigt, er hätte Jugendliche dazu angestiftet. Möglicherweise war das der Anlass, uns Kindern später den Zugang zum Abitur zu verwehren.

Nachdem auch ich meinen Schulabschluss in der Tasche hatte, begann ich eine Lehre bei den Rathenower Optischen Werken. Für mich war wichtig, dass der Beruf »Feinmechaniker« hieß, also etwas »Feines« war, obwohl Werkzeugmechaniker wahrscheinlich die bessere Wahl gewesen wäre. Drei Jahre lebte ich im Internat, dann war die Lehrzeit vorüber, und ich fragte mich, ob ich wirklich mein ganzes Leben an der Drehbank stehen wollte. Wollte ich immer 20 Prozent Ausschuss produzieren, weil die Maschinen nichts taugten? Ich fühlte mich ein wenig perspektivlos, sah auch die großen Fußstapfen meines Vaters und fragte mich, ob ich da wohl reinpasse. Unentwegt schenkte er mir Bücher, doch in der Rathenower Lehrlingswelt galten Bücher nicht so viel. Ich lebte eigentlich in zwei Welten, eine war die, die ich in meiner Lehre erlebte, die andere zu Hause. Zum Beispiel sollten wir in der Fabrik einen Solidaritätsbeitrag für Vietnam zahlen. Unter meinen Kollegen galten die Menschen dort als Befreiungskämpfer; bei meinem Vater zu Hause hörten sich die Reden über den Vietkong ganz anders an. Für mich war die Lehrzeit wichtig, weil ich eine ganz andere Welt kennenlernte und selbstständig wurde. Doch seit Kindheitstagen wollte ich insgeheim eigentlich auch Pfarrer werden. Ich verriet es meiner Schwester Renate im Wald beim Heidelbeerpflücken, bat sie aber, strengstes Stillschweigen zu wahren. Nach meiner Lehre hatte ich vor, zunächst ein technisches Studium zu beginnen, bekam aber keinen Studienplatz, wohl auch wegen meines unklaren Standpunktes zur »Arbeiterklasse«.

Zunächst musste ich Anfang 1968 ohnehin 18 Monate zur Nationalen Volksarmee. Auch aus Protest gegen die mit meiner Herkunft verknüpften Erwartungen lehnte ich es ab, »Bausoldat« zu werden, also keinen Dienst an der Waffe zu leisten, wie es die meisten Pastorenkinder taten. Ich empfand aber auch keinen großen Unterschied zwischen beiden Diensten; im Ernstfall wäre es ohnehin auf dasselbe hinausgelaufen. Die 18 Monate bei der Nationalen Volksarmee waren für mich, wie für viele andere junge Männer auch, eine schreckliche Zeit in meinem Leben. Meine Einheit stand bei Salzwedel, wir überwachten mit Radar den Flugverkehr von Westberlin nach Norddeutschland. Kontakt zur Außenwelt bestand praktisch nicht, da niemand nach draußen telefonieren durfte und ringsherum nur einige kleine Dörfer lagen. Zusätzlich war schon bald klar, dass unsere Situation jeden Moment noch schlimmer werden konnte. So beantragte ich Urlaub für die Silberhochzeit meiner Eltern am 21. August 1968, bekam aber schon Monate vorher ein »Nein«. Am Tag selbst war uns dann klar, warum: Die Sirenen begannen morgens um 4 Uhr zu heulen, die Staaten des Warschauer Paktes waren in der Tschechoslowakei einmarschiert, um dem Bruderstaat »zu helfen«. Wir befanden uns jetzt im Alarmzustand, durften über Wochen die Uniform nicht ausziehen und mussten eine geladene Maschinenpistole bei uns tragen. Ich begann am Sinn des Lebens zu zweifeln und ließ mich von Todesgedanken treiben. Die Grenze zu Westdeutschland befand sich in greifbarer Nähe, oft träumte ich davon, nachts zu türmen und mich mit der Waffe durchzuschlagen. Das Schlimmste daran war, dass es niemanden gab, mit dem ich über meine Probleme sprechen konnte. Uns standen nur 18 Urlaubstage zu, aufgeteilt in zwei Kurzurlaube und einen längeren. Der Ausgang war ein Hohn, weil man unendliche Fußmärsche hinlegen musste, um die nächste Ortschaft zu erreichen. Also blieben wir meistens auch an unseren eigentlich freien Tagen in der Kaserne.

Nach der Armee-Zeit tat sich für mich ein kleines Fenster auf, es wurde eine Sonderreifeprüfung eingeführt, die es vielen jungen Menschen, insbesondere Pfarrerskindern, ermöglichte zu studieren – allerdings ausschließlich Theologie. So versuchte sich die DDR tolerant gegenüber der Kirche zu zeigen. Und Marxismus-Leninismus-Studenten konnte man sich auf der Kanzel schlecht vorstellen. Diese Sonderreifeprüfung empfinde ich noch heute als unerwartetes Geschenk, auch meine Schwester Renate nutzte diese Chance. Pastor ist für mich der Beruf, in dem ich viele Möglichkeiten habe, eigene Vorstellungen zu verwirklichen. Es ist der Beruf, von dem ich schon damals annahm, sehr frei leben zu können und einen großen Gestaltungsraum zu haben. Und so begann ich damals mein Studium an der Ernst-Moritz-Arndt-Universität in Greifswald.

In diese Zeit fiel auch der Tod meiner Mutter. Ein Erlebnis, von dem ich viel für meine jetzige Aufgabe, das Überbringen von Todesnachrichten, lernte. Ihr ging es schon sehr schlecht, als ich sie das letzte Mal zu Hause besuchte. Ich erhielt ein Telegramm, dass ich sofort nach Hause kommen sollte. Ich ahnte, was geschehen war, wollte es aber nicht glauben und nahm trotzig noch nicht einmal einen schwarzen Anzug mit. Einer meiner Brüder holte mich vom Bahnhof ab und sagte kein Wort. So setzte es sich fort, niemand sprach die Worte aus: »Mutter ist tot.« Das war für mich sehr bedrückend, da diese Worte vermutlich dem Schmerz in mir einen Weg gebahnt hätten. Als ich in ihr Zimmer kam, das Bett frisch gemacht vorfand und den Ehering auf dem Nachttisch liegen sah, begriff ich das Endgültige, aber es fand ohne die Worte schwer Zugang zu meinem Herzen und meiner Seele. Die Kraft des Wortes ist groß. Das empfand ich auch bei der Trauerfeier, die von Kollegen meines Vaters gehalten wurde. Sie sprachen Trostworte aus der Bibel, doch die Biografie meiner Mutter wurde ausgeklammert. Für mich hatte deshalb ihre Trauerfeier nichts mit dem Wesen dieser für mich so wichtigen Frau zu tun. Weder ihr Leben noch ihr Sterben wurden konkret benannt, weshalb ich immer noch nicht begreifen konnte, dass sie gestorben war. Erst am Sonntag darauf, als der Name meiner Mutter in den Abkündigungen aufgerufen wurde, ergriff mich die Wahrheit ihres Todes und ich konnte weinen. Worte zu benutzen, die Dinge konkret beim Namen zu nennen und immer dicht an den Menschen zu bleiben – das habe ich mir deshalb zur Maxime gemacht.

Im letzten Studienjahr lernte ich Brigitte, meine spätere Frau, kennen. Sie studierte Biologie und ging zunächst nach Dresden. Dann bekam ich die Pfarrstelle in Groß Kiesow, und Brigitte gab für mich ihre Arbeit in Dresden, wo ihre gesamte Familie lebte, auf. Mit Mitte 20 gingen wir in die absolute Provinz und bezogen dort unser Haus – in einem Alter, in dem man damals nicht einmal eine eigene Wohnung hatte. Brigitte suchte damals im Norden eine Arbeit, bekam aber einfach keine, obwohl doch in der DDR jeder Akademiker mit einer Stelle versorgt werden musste und sollte. Ich denke, sie wurde schlicht als Pfarrersfrau abgestraft. Also sattelte sie von Biologin auf Organistin und Küsterin um und brachte sich mit ihrer ganzen Kreativität in die Kirchengemeinde ein. Ich selbst war glücklich und voller Energie. Plötzlich trug ich Verantwortung für das Leben einer Kirchengemeinde. Ich musste Sonntag für Sonntag predigen vor Menschen, die meine Eltern und Großeltern hätten sein können, musste Junge und Alte beerdigen, Kinder taufen und Jugendliche unterrichten. An meine erste Predigt kann ich mich besonders gut erinnern. Der Gemeinderaum war voller Neugieriger, ein schwarzes Samttuch hing über dem ramponierten Tisch, und ich sprach nur acht Minuten, dann war meine Predigt zu meiner eigenen Verblüffung schon zu Ende. Mein Vorgänger sprang auf und redete einfach weiter, weil Predigten normalerweise 15 bis 20 Minuten dauern sollten.

Staat und Kirche kamen damals leidlich miteinander aus, und mehr als leidlich war auch nicht drin. Denn die Kirche wurde in der DDR nur gelitten, aus dem gesellschaftlichen Leben blieben wir im Wesentlichen ausgeschlossen. Jedes Jahr wurden wir Pfarrer zum Beispiel einmal vom Vorsitzenden des Rates des Kreises zu einem »freimütigen Gespräch« eingeladen. Auf dem Tisch standen Kaffee, Kekse und Schnaps. Der Vorsitzende sagte uns, wir könnten hier heute über alle Probleme miteinander diskutieren, aber über die Macht nicht:

»Denn die Machtfrage ist ein für allemal entschieden!« Danach sprachen wir über Schlaglöcher und Gartenzäune. Auch in unserem Dorf blieb die Kirchengemeinde bei allen staatlichen und betrieblichen Festen und Feiern außen vor.

Ich begann aber gleich nach Amtsantritt, ein intensives Kirchenleben in Groß Kiesow zu veranstalten. Mit Pfarrern aus den Nachbarorten organisierten wir uns in der Gruppe »Shalom«. Über zehn Jahre lang arbeiteten wir zusammen an neuen Gottesdienstformen, gründeten eine Band mit mir am Schlagzeug und spielten Puppentheater. Im Sommer zogen wir vier Wochen von Kirche zu Kirche und veranstalteten Jugendgottesdienste in den Ostseebädern. Zweimal pro Woche traf sich die Arbeitsgruppe »Shalom«, immer reihum bei einem anderen Pfarrer, um neue Ideen zu finden. Wir fühlten uns sehr frei in unserem Tun. In unserem Haus hatten wir immer viel Besuch. Wenn man damals Urlaub in Ostseenähe machen wollte, war es gut, Bekannte zu haben, die dort wohnten und wo man unterkommen konnte. Bei uns war immer Platz. Pro Saison kamen fünfzig und mehr Freunde.

Es waren kreative Jahre. Die Kirche bewährte sich als Nische der Gesellschaft, wir konnten frei und offen reden, neue Wege denken. Man wollte etwas anderes, etwas Neues, aber wie das so genau aussehen sollte, wer wusste das schon? Die Wende 1989 war nicht nur eine politische Wende, sondern auch eine Lebenswende. Es war die Zeit, in der ganz viele dachten, wir müssen uns jetzt hinausretten aus der DDR, und glaubten, das mit Hilfe der Kirche tun zu können. Viele werden sich an die Riesenversammlungen in Kirchenräumen erinnern, wo sich der ganze Protest sammelte. Zweifellos waren dies aufregende Wochen und Monate. Auch die Kirche war überrascht vom Gang der Ereignisse, mit einem Mal standen Pastoren im Mittelpunkt, plötzlich waren die Kollegen Pfarrer Bürgermeister, Abgeordnete, Berater. Jeder orientierte sich irgendwie neu, probierte sich und seine Fähigkeiten im Lichte der gesamten Gesellschaft aus. Was uns zusammengehalten hatte, die kollektive Depression in der DDR, war wie weggeblasen und jeder hatte jeden Tag das Gefühl, es muss etwas passieren, man kann am Abend nicht auf dem Stand vom Morgen verharren. In meinem Büro wollten wir eine Pazifistenunion gründen, weil wir dachten, der Pazifismus rettet die Welt. Doch das zündete irgendwie nicht richtig, zumal auch die beteiligten Personen sich neu orientierten. Wir verstreuten uns sozusagen in alle Winde. Ich blieb in Groß Kiesow und hatte nicht das Gefühl, woandershin aufbrechen zu müssen. Gerade das Bleiben inmitten aller Veränderung schien mir jetzt wichtiger zu sein.

Es gab in diesen Wochen und Monaten auch heute absurd erscheinende Dinge. Ich stand dem schon zu DDR-Zeiten bestehenden deutsch-amerikanischen Arbeitskreis der Evangelischen Kirche vor. Ausgerechnet während der Wendezeit kamen die Amerikaner hierher. Ein lange geplanter Besuch, der in tiefen DDR-Zeiten eine aufregende Abwechslung gewesen wäre. Aber in diesen Wochen, in denen alles in politischen Flammen stand, Sightseeing mit zwei Amerikanern in Stralsund und Greifswald zu machen, war doch ziemlich abwegig. Sie in das Geschehen zu involvieren wäre sicher auch vergebene Liebesmüh gewesen. Natürlich erledigte ich die Aufgabe, doch abends nach dem Sightseeing kam mir in einer Stralsunder Kneipe die Idee, wie ich ein Zeichen setzen konnte, wie ich Leute unterschiedlichen Glaubens und Wollens doch noch einmal zusammenführen konnte, bevor vieles endgültig auseinanderbrach: eine Menschenkette quer durch die Republik, entlang der Fernverkehrsstraße, der F 96, beginnend in Saßnitz mitten durch Berlin hindurch bis in den

Süden, nach Zittau und vielleicht sogar bis in den Westen. Noch am selben Abend ging ich zum Friedensgebet in den Greifswalder Dom. Dort konnte jeder Vorschläge machen. Ich rief zu einer Menschenkette »Ein Licht für unser Land« auf und bat alle, die mitmachen wollten, sich am Ausgang zu versammeln. Fünf Leute standen da. Das war nicht gerade der erhoffte Erfolg, dennoch versuchten wir es, entwarfen die Strecke, schrieben alle Pfarrämter entlang der F 96 an. Zwischendurch fiel allerdings die Mauer, und wir dachten schon, nun rennt alles gen Westen und das Projekt hat sich erledigt. Aber gerade jetzt erschien es uns notwendig, nicht alles plötzlich aufzugeben. Der Gedanke verbreitete sich, sogar Vertreter der FDJ, der ja die Kirche ein besonderer Dorn im Auge war, riefen bei mir an, ob sie denn als Organisation auch mitmachen könnten. Die Idee fiel also doch auf fruchtbaren Boden. Am Termin 1. Dezember, es war in diesem Jahr auch der 1. Advent und, wie sich später herausstellte, der Tag, an dem das Politbüro der SED zurücktrat, wurde also festgehalten. Auf Letzteres verweise ich besonders gern – wer hätte gedacht, dass eine Menschenkette dies bewirken kann …! In Vorbereitung dieses Ereignisses fuhr ich nach Berlin, zum »Neuen Forum«, zu den inzwischen prominenten Bürgerrechtlern, wo ich unser Projekt vorstellte. Die Bürgerrechtler hörten zu und nickten und sagten »Das finden wir gut«, mehr kam nicht. Die Mauer war vor zwei Tagen geöffnet worden, und hier saßen alle und diskutierten, geradeso, als ob um sie herum nichts passiert wäre.

Ich war neugierig auf den Westen und ging direkt aus der Versammlung heraus für eine kurze Stippvisite nach Westberlin. Eine tolle Stadt, wie ich fand. Bis nach Hamburg, zu meiner Schwester, die schon einen Kuchen in Erwartung ihrer Familie gebacken hatte, kam aber niemand von uns, wir hatten alle so viel Neues zu tun, da mussten Familientreffen warten. Nach meiner Stippvisite in Westberlin fuhr ich weiter zur »Aktion Sühnezeichen« und zu einem »Friedenskreis« nach Pankow. Sie versprachen Unterstützung für unsere Idee. Ich organisierte alles nur Mögliche, und schließlich war der 1. Dezember da. Von 12.00 bis 12.15 Uhr standen zwischen einer halben und einer ganzen Million Menschen entlang der F 96, hielten sich an den Händen und hatten Kerzen angezündet. Die Autos blieben stehen, die Menschen schwiegen. Vielleicht war das eine der letzten Aktionen des Besinnens in der alten DDR. In den Geschichtsbüchern steht, dass die »Aktion Sühnezeichen« diese Menschenkette organisiert hat, was soll's?

Aber auch Groß Kiesow rief wieder, was konnte man jetzt hier alles bewegen! Ich organisierte zum Beispiel »Rock am Acker« mit der legendären Band »Pankow«, deren Hit »Langeweile« damals in aller Ohren war. Doch langsam brach die Euphorie ab, das gesamte politische, gesellschaftliche und organisatorische Netz der BRD legte sich über die neuen Bundesländer. Alles änderte sich, der Aufbruch, auch der persönliche vieler Menschen, war 1994/95 zu Ende. Eines Tages standen 20 Leute im Blaumann, vom Arbeitsamt geschickt, vor meiner Tür. Sie wollten Arbeit, weil sie ihre eigene verloren hatten und sich nun in einer Arbeitsbeschaffungsmaßnahme befanden. Die Kirche war plötzlich einer der größten Arbeitgeber vor Ort. Es änderte sich wie in der gesamten Gesellschaft auch für unsere Kirche vieles rasant, was nicht unproblematisch war. Die Kirche in der DDR war in einzelnen Landeskirchen verbunden, und es wurde gute Arbeit entsprechend den Verhältnissen geleistet. Nach der Wende war es nicht mehr möglich, in den alten Strukturen weiterzuarbeiten. So jagte eine Strukturdebatte die andere. Es entstand sehr viel Unruhe in den Gemeinden. Wir waren keine Volkskirche, wie sie in den westlichen Bundesländern jahrzehntelang gewachsen war, wir waren eine Minderheitskirche, eine Randerscheinung im Staate. Das gesamte Recht der Evangelischen Kirche Deutschlands wurde von heute auf morgen hier übernommen; was im Westen über Jahrzehnte langsam gewachsen war, entlud sich wie ein Sturzbach auf den Osten. Plötzlich war die Kirche Träger unzähliger karitativer Einrichtungen. Dazu gehörten Heime, Ferieneinrichtungen, Schulen und auch Kindergärten. In Groß Kiesow fragten die Eltern verdutzt: »Müssen unsere Kinder jetzt beten?« Großes Unverständnis erregten auch die Finanzämter, die plötzlich von den getauften DDR-Bürgern auch nachträglich Kirchensteuern verlangten. Dieser Akt wurde zu allem Überfluss von den Bürgern nicht den Behörden und dem Staat angelastet, sondern der Kirche. Ein bisschen mehr Einfühlungsvermögen und vielleicht die eine oder andere Nachfrage bei den Hiesigen hätte sicher einigen Unmut vorab beschwichtigen können. Die Erfahrung des Ostens, wie Kirche in einer atheistischen Gesellschaft existieren kann, wurde vielfach außer Acht gelassen.

Es stellte sich Ernüchterung ein: Die Wende hat der Kirche nicht viel gebracht. Die Menschen kehrten ihr wieder den Rücken zu. Der Aufbruchstimmung folgte die Abbruchstimmung, manchmal ganz direkt sichtbar, wenn viele Fabriken und Häuser einfach abgerissen wurden. Zudem kamen auch viel weniger Kinder zur Welt. In Groß Kiesow findet deshalb 2007 zum Beispiel keine Konfirmation statt, es fehlen die Jugendlichen, die in den Nachwendejahren nicht geborenen Kinder. Es ging damals ein merkwürdiger Riss durchs Land, beispielsweise entwickelten sich nur die Städte, der ländliche Raum blieb zurück. Meine Gemeinde wurde immer größer, es kamen immer mehr Dörfer hinzu, und man musste sich anstrengen, damit die Menschen Kirche überhaupt wahrnahmen, jeden schien man persönlich motivieren zu müssen. Ich stellte mir die Frage, wozu das alles? Alles, was kurz vor der Wende, während der Wende und kurz danach sich in und um die Kirche vollzog, war hoffnungsfroh gewesen. Ich dachte damals wirklich, die Volkskirche wäre wiederbelebt oder zumindest wäre dazu ein Grundstein gelegt worden, doch noch nicht mal das kleine Pflänzchen Konfirmation hat es geschafft, sich gegen die angestammte Jugendweihe durchzusetzen. Viele alte Arbeitsebenen brachen zusammen. Wir mussten uns neu organisieren, Freiräume und eigene Gestaltungsmöglichkeiten sind zunehmend von Zwängen eingeengt, die es vorher nicht gab. Ein Pfarrer kann aber nicht einfach den Beruf wechseln. Pfarrer zu werden ist eine Entscheidung fürs Leben.

Anfang 1997 wurde dann die Stelle des Polizeipastors in Mecklenburg-Vorpommern vakant. In den 20er Jahren wurde dieser kirchliche Dienst in der Polizei eingeführt, Hitler verbot ihn, und in den 50er Jahren wurde er in der BRD wieder eingeführt. Seit Ende der 90er Jahre gibt es ihn auch in den neuen Bundesländern. Ich bewarb mich um diese Stelle, eine neue Herausforderung in meinem Beruf. An meiner Gemeinde in Groß Kiesow hielt ich fest, um sozusagen meinen Mutterboden nicht zu verlieren. Plötzlich war ich bei der Polizei unter anderen Menschen und musste mich noch einmal ganz neu öffnen, musste die Sprache der Kirche für sie neu erfinden und hinterfragen, was ich überhaupt will. Ich bin ja kein Missionar in der Polizei, als solcher habe ich mich nie verstanden, und trotzdem sehen mich alle immer als einen Vertreter der Kirche. Lange habe ich nach einem berufsethischen Ansatz für meine Arbeit gesucht, ich möchte nicht an ihnen vorbeireden. Ich habe meinen Ansatz in den Zehn Geboten gefunden, der Grundordnung des Glaubens. Ich versuche auch für Nichtgläubige verstehbar zu machen, was dort für allgemeine Werte vermittelt werden. Die Polizei vertritt ohne Zweifel die Autorität des Staates. Aber was bedeutet Autorität für den einzelnen Beamten? Das erste Gebot »Ich bin der Herr Dein Gott, Du sollst keine anderen Götter haben neben mir« benennt Autorität als eine absolute Zuwendung im Sinne eines »Ich bin Dein, Du kannst Dich auf mich verlassen.« Das zweite Gebot »Du sollst den Namen Deines Herrn, Deines Gottes nicht unnütz führen« verdeutlicht das Wesen des Machtmissbrauchs, wenn Autorität falsch eingesetzt wird. In der Schöpfungsgeschichte heiligte Gott den siebten Tag und alle Werke, die er geschaffen und gemacht hatte. Darauf bezieht sich das dritte Gebot »Du sollst den Feiertag heiligen«. Es erinnert uns an unsere Verantwortung gegenüber der Schöpfung. Der so genannte Kampf der Kulturen macht uns deutlich, dass wir nicht begriffen haben, die Schöpfung als etwas Untrennbares und Bewahrenswertes zu sehen. Die Globalisierung heute treibt die Trennung der Welt voran und wird zu einem Kernproblem der inneren Stabilität von Staaten. Das vierte Gebot »Du sollst Deinen Vater und Deine Mutter ehren« stellt das Problem des Gehorsams in den Vordergrund. Vater Staat und Mutter Kirche treiben uns in Gewissenskonflikte, die zu lösen den einzelnen Beamten herausfordert. Das Gebot »Du sollst nicht töten« fordert von uns die Bewahrung des Lebendigen. Schusswaffengebrauch, Suizide und Todesnachrichten konfrontieren Beamte unentwegt mit diesem Gebot. Das sechste Gebot »Du sollst nicht ehebrechen« stellt Lebensgemeinschaften in den Vordergrund und lässt uns in einer besonderen Weise über Beziehungskonflikte nachdenken. Das siebte Gebot »Du sollst nicht stehlen« begegnet uns auf dem weiten Feld der Korruption, die für Beamte eine Gefahr darstellt. Das achte Gebot »Du sollst nicht falsch Zeugnis reden wider Deinen Nächsten« stellt die Frage der Wahrheit und der Wahrheitsfindung in den Raum. In mancher Situation ist es schwer, der Versuchung zu widerstehen, da vergreifen sich Polizisten in den Mitteln der Wahrheitsfindung. Die beiden letzten Gebote schließlich benennen die Begierden des Menschen. Beamte erleben immer wieder unfassbare Ereignisse, die von den Begierden des Menschen gesteuert werden. Hier ist wichtig, dass sie sich nicht hinter einer moralischen Keule verbergen, sondern sich mit Natur und Kultur des Menschseins auseinandersetzen. Die zehn Gebote stellen somit eine Grundordnung für jedermann dar. Für mich steht außer Frage, dass hier Werte gesetzt und gleichzeitig Fragen gestellt werden, mit denen sich Polizeibeamte täglich auseinandersetzen müssen. Ich wünsche mir, dass »meine Polizisten« Religion als ein Mitten-im-Leben-Sein verstehen lernen und irgendwann auch dahinfinden.

Auch wenn es anfangs einige Verständigungsschwierigkeiten gab, so stand nie außer Frage, dass wir uns gegenseitig Respekt zollten. Auch ich habe mein Bild über die Polizei ganz stark ändern müssen. Polizei war für mich die uniformierte Staatsmacht. Der einzelne Mensch ging dabei auch für mich in der Masse unter. Doch inzwischen habe ich sie kennengelernt mit all ihren Sorgen, ihrer Nachdenklichkeit, aber auch ihrem Humor. Ich habe Hochachtung vor ihrer Arbeit, vor dem, was viele von ihnen an Leid aushalten müssen und wie sie letztlich damit umgehen. Und ich habe mit der Seelsorge auch eine klassische Pfarrertätigkeit wiedergefunden. In meiner Gemeindearbeit kam das große Ausschütten der Seele selten vor, die lange Begleitung und Beratung Einzelner kaum. Als Pfarrer einer Gemeinde ist man eher mit dem Organisieren von Veranstaltungen, Gottesdiensten, Kinder- und Jugendarbeit und Geld für neue Projekte befasst. Bei der Polizei mache ich eine ganz andere Erfahrung. Die Seelsorge wird immer wichtiger. Die Polizisten kommen mit ihren Sorgen zu mir, und es gelang mir, einzelne Menschen behutsam aus Krisen herauszuführen. Eine unglaublich schöne Erfahrung, bei der ich eine seltene Offenheit und Vertrauen spürte. Viele der Beamten sind zu meinen Freunden geworden, mit denen ich intensive und produktive Gespräche führen kann.

Die Arbeit als Polizeiseelsorger hat mich verändert, ich habe die Freiheiten und Gestaltungsmöglichkeiten wiedergefunden, die ich an dem Beruf als Pfarrer so schätzte, die ich für unabdingbar halte, um wirklich etwas bewirken zu können. »Sonderseelsorge« nennt sich dieser extrem offene Bereich der Kirche. Sie ermöglicht auch einen anderen Blick auf die Kirche, man sieht sie mit den Augen anderer, mit den Augen von Menschen, denen Kirche fremd ist. Ich erlebe oft eine Kirche, deren Kraft nach innen und nicht nach außen wirkt. Ich erlebe oft Kirche in einer Sprach- und Bilderwelt, mit der Menschen außerhalb der Kirche nichts anzufangen wissen. Wir haben einen hohen intellektuellen Anspruch, das gesprochene Wort, die Predigt – aber sie wird von einer Liturgie eingerahmt, zu der Außenstehende kaum noch Zugang finden. Doch es gibt auch ein starkes Suchen nach neuen Ausdrucksformen. Hier gehe auch ich meine Wege. Manchmal frage ich mich, warum die Kirche so in ihrer eigenen Ordnung verfangen ist. In einer erfolgsorientierten Gesellschaft geht die Frage des Erfolghabens auch nicht an der Kirche vorbei. Wer will schon erfolglos sein? Aber muss nicht gerade die Kirche aufpassen, nicht zu einer ausschließlich erfolgsorientierten Organisation zu werden? Ich denke, man muss aufpassen, über der Organisation des Lebens nicht die

Kommunikation und Kontemplation zu vergessen. Man sollte seine Tage nicht nur in selbst organisierter Hektik verbringen, sondern sich auch Zeit zur eigenen Besinnung gönnen, also kontemplativ und kommunikativ leben. Nur wer im Einklang mit sich ist, kann auch für andere da sein. Gerade für einen Pfarrer ist es deshalb wichtig, Momente der Muße zu erleben – ohne sie würde der Pfarrerberuf an Substanz verlieren. Wenn ich nicht zu mir komme, kann ich nicht zu anderen gehen.

Ich selbst habe kürzlich eine neue Leidenschaft für mich entdeckt: das Theaterspielen. Der NDR drehte einen Dokumentarfilm »Kein Amt für zarte Seelen« über meine Arbeit als Polizeiseelsorger. Durch Begegnungen mit Menschen im Vorfeld der Dreharbeiten zum Film lernte ich auch die Vorpommersche Landesbühne Anklam kennen, die gerade ein witziges Theaterspektakel vorbereitete: »Die Peene brennt«. Ob ich nicht mitspielen wolle, als Pfarrer, der die Anklamer Frauen beschützt, wurde ich gefragt. Seitdem spiele ich dort mit größtem Vergnügen Theater! Jüngst war ich der Richter in Gogols »Der Revisor«. Das Leben auf der Bühne bewahrt davor, aus dem Leben eine Bühne zu machen. Es ist schön, andere über sich lachen zu lassen, das befreit einen auch selbst. Einmal das zu sein, was man nicht ist und nie sein wird, ist ein gutes Gefühl.

Ich freue mich über die reiche Vielfalt meines Lebens als Pastor, Seelsorger, Schauspieler, Seminarleiter und Familienvater. Das Leben aus dem Vollen zu schöpfen gibt mir die Kraft und den Mut, auch anderen beizustehen. Dieser Aufgabe nachkommen zu können, anderen Menschen eine Stütze sein zu dürfen – dafür danke ich Gott!

Danksagung

Für die freundliche Unterstützung dieses Buches danken wir den Polizisten in den Polizeidirektionen Mecklenburg-Vorpommerns, insbesondere Andreas Rieck, Erika Rohlf und Timo Tolksdorf.

Unser besonderer Dank für die interessanten und offenen Gespräche gilt Irene Bauske, Hans-Jörg Meissner, Gerda Siebrecht und den Familien Hartfeil, Kokot, Lewe, von Samson-Himmelstierna und Wulf.

Ilse Biberti

HILFE, MEINE ELTERN SIND ALT

Wie ich lernte, Vater und Mutter
mit Respekt und Humor zu begleiten

272 Seiten, Hardcover mit Schutzumschlag
€ [D] 18,00 • € [A] 18,50 • sFr 32,40
ISBN 978-3-550-07887-3

Plötzlich sind die Eltern alt. Oder schwer krank.
Oder beides. Von heute auf morgen müssen Töchter
und Söhne die intensive Unterstützung und Pflege übernehmen.
Hilfe, meine Eltern sind alt! ist der bewegende Erlebnisbericht
einer Tochter, die ohne zu zögern die Verantwortung
für Ihre Eltern übernimmt, statt sie an andere abzugeben.
Das Buch macht Mut, die Herausforderungen anzunehmen,
wenn Eltern Hilfe brauchen. Es ist gleichermaßen ein
Appell an die Menschlichkeit in unserer Gesellschaft,
wie an Politiker und Gesetzgeber, die Probleme in
der Altenbetreuung konsequent anzugehen.

*Das ist wahrscheinlich die ursprünglichste Liebe,
die man zurück gibt für die Liebe, die man
empfangen hat. Meine größte Hochachtung gilt allen,
die dies tun. Auch Ilse Biberti, die es mit so einem
großen Lächeln beschreibt.*
Christine Neubauer

ullstein